SPEAK RUSSIAN!

SPEAK RUSSIAN!

Marisa Fushille and Lisa Little
with Yuri Slezkine

Illustrated by Alexander Gassel

UNIVERSITY OF TEXAS PRESS, AUSTIN

Third Printing, 1992

Requests for permission to reproduce material from this work should be sent to Permissions, University of Texas Press, Box 7819, Austin, Texas 78713-7819.

⊗ The paper used in this publication meets the minimum requirements of American National Standard for Information Sciences—Permanence of Paper for Printed Library Materials, ANSI Z39.48-1984.

This publication was partially supported by the Coordinating Board of the Texas College and University System (Title II) and the Center for Soviet and East European Studies at the University of Texas at Austin through the United States Department of Education (Title VI of the Higher Education Act).

Map of the Moscow metropolitan trains courtesy of GUGK, Moscow, USSR.

Library of Congress Cataloging-in-Publication Data

Fushille, Marisa, 1956–
  Speak Russian!/Marisa Fushille and Lisa Little, with Yuri Slezkine; illustrated by Alexander Gassel. — 1st ed.

      p.   cm.
    ISBN 0-292-71120-4 (alk. paper)
    1. Russian language—Conversation and phrase books—English. 2. Russian language—Textbooks for foreign speakers—English. 3. Russian language—Spoken Russian. I. Little, Lisa, 1953–   . II. Slezkine, Yuri, 1956–   . III. Title.
  PG 2121.F87   1990
  491.783′421—dc20   90-70535
                                                                         CIP

For reasons of economy and speed, this volume has been printed from camera-ready copy furnished by the authors, who assume full responsibility for its contents.

To our families

Contents

Preface

SPEAK RUSSIAN! is an intermediate-level conversation textbook intended for students who already have a basic knowledge of Russian grammar. It may be used as the main text in a conversation class or as a supplementary text in a four-skills class.

SPEAK RUSSIAN! uses a communicative approach to language acquisition. The primary purpose of the book is to give students the opportunity to express themselves in Russian. Students are encouraged to draw on their knowledge and experience as they communicate in situations that are relevant for them. Any grammatical, lexical, or stylistic tools needed for a particular topic are provided in the book.

Since our emphasis is on active communication, both listening and speaking, we have made a conscious attempt to limit the amount of information that students are required to assimilate. Thus, rather than list every possible greeting, we give the most widely used formal and informal variants. For the same reason, we do not provide exhaustive vocabulary lists for each topic.

SPEAK RUSSIAN! is structured around situations students might actually encounter in Russia. Each of the eight chapters contains written exercises designed to be completed outside of class so that students are prepared to start speaking when they come to class. (Answer keys for the starred (*) exercises are provided in Appendix V.)

In addition to written exercises, there are open-ended questions designed to get students to talk about a certain topic or to exchange information about themselves. (The questions all use the «ты» form because Russian students would use the familiar form of address in similar situations.) Like most of the activities in the book, these questions are designed to be done in pairs, small groups, or with all the students moving around the classroom talking to each other. Small group work is less formal and gives each student more time to talk. After working in small groups, students may report what they have discussed to the entire class.

Role-playing activities are an important part of each topic. They allow students to practice different styles of speech and often help them feel more comfortable speaking Russian in class. The characters introduced at the beginning of the first chapter may be used for role-playing throughout the book. Students should role-play in pairs or small groups. Later, they may perform for the class if they wish.

Two dialogues, recorded on the audiocassette, are included in each chapter. The speech is highly colloquial and the subject matter has been chosen with a student audience in mind. Each dialogue is preceded by the vocabulary an intermediate student might not know (or remember), as well as by pre-listening questions that enable students to focus on what to listen for and to anticipate what might be said. These dialogues should help students develop listening strategies and gain confidence in their comprehension skills. We discourage students from reading the dialogues before listening to the tape.

Each dialogue is followed by questions that require students to use their imagination and speculate about the characters and situations presented in the dialogue. Subsequent exercises ask students to provide examples of other discourse functions, such as making excuses, complimenting, or requesting, that occur in the dialogue.

For the longer dialogues, each character's part is on a separate page. As a pre-listening exercise, students may be asked to look at only one character's part and predict what the other character might say. After listening to the tape, students may read or act out the dialogue in pairs. (Only the first dialogue is divided into three parts.) Since each script is divided, students must concentrate and listen for their cue to respond as they read or perform their respective parts. (The full text of each dialogue is provided in Appendix III.)

The games in the book make learning Russian more fun. Communicative activities including games, narrating, describing, and sharing personal information help students retain what they have learned.

There are discussion questions towards the end of each chapter. These work well in groups large enough to allow for different opinions, but small enough to give everyone a chance to talk. Many of these questions are concerned with various aspects of life in Russia and we encourage students to make cross-cultural comparisons.

Each chapter concludes with a monologue in colloquial Russian devoted to some aspect of life in Russia. (The full text of each monologue is provided in Appendix IV.) The monologues provide the greatest challenge to students' listening comprehension skills. Students should listen to the monologue on the tape several times before attempting to do any of the exercises.

We are grateful to many for their assistance and support during the production of this book. Our Russian conversation students gave us their feedback and suggestions on earlier versions of this text. We are grateful also to Michael R. Katz, chairman of the Department of Slavic Languages at the University of Texas at Austin, for his encouragement and support. We thank Marita Nummikoski and Ekaterina Borisovna Skorospelova for piloting the book in their classes. Very special thanks are extended to Alexander Gassel for his illustrations. We also acknowledge those who provided technical assistance: Michael Younger, Andrew Gonzalez, William Stelzer and those who recorded the audiocassette: Konstantin Gurevich, Valerie and Yuri Druzhnikov, Tatiana Karmanova, Gregory Rodin, Svetlana Ustinovich, and Max Reshetnikov.

Большое вам спасибо!

Marisa Fushille
Lisa Little

Note to the Third Printing:

Some of the place names and prices mentioned in the text have changed in recent months. Since the political and social situation in the former Soviet Union is still fluid, we have decided to wait before making any major changes.

Any comments or suggestions would be greatly appreciated.

КАК ТЕБЯ ЗОВУТ?

1.1 Как её зовут? Choose a character and give clues about him or her. The other students guess who you are describing. (e.g. Ему 37 лет. Он жена́т. У него́ есть дочь. Он крановщи́к. Как его́ зову́т?)

 Лени́на Ви́кторовна Пе́нкина, официа́нтка, 46 лет, не за́мужем.

 Оле́г Марке́вич, рок-музыка́нт, 26 лет, разведён.

 Валенти́на Влади́мировна Митро́хина, инжене́р, 44 го́да, за́мужем, одна́ дочь.

 Фёдор Степа́нович Тара́сов, колхо́зник (меха́ник), 42 го́да, жена́т, дво́е дете́й.

 Суре́н Ованеся́н, худо́жник-абстракциони́ст, 24 го́да, не жена́т.

 Вале́рий Никола́евич Го́лубев, рабо́чий (крановщи́к), 37 лет, жена́т, одна́ дочь.

Элла Исаáковна Розенфéльд, музыкáнт (скрипáчка), 33 гóда, не зáмужем.

Вахтáнг Гогоберѝдзе, знаменѝтый футболѝст, 29 лет, женáт, детéй нет.

Пелагéя Антѝповна Силáнтьева, убóрщица, 68 лет, вдовá.

Пáвел Борѝсович Зозýля, секретáрь райкóма, 52 гóда, женáт, одѝн сын.

Натáлья Эдуáрдовна Лѝпская, извéстная поэтéсса, 38 лет, разведенá.

Áхмет Ахмéтович Алѝев, пóвар, 40 лет, женáт, чéтверо детéй.

Елéна Львóвна Крестѝнская, врач-педиáтр, 53 гóда, вдовá, трóе детéй.

Василий Андрéевич Сидорéнко, милиционéр, 55 лет, женáт, двóе детéй.

 Ива́н Ники́тич Тю́рин, пенсионе́р, ветера́н Вели́кой Оте́чественной войны́, 72 го́да, жена́т.

 Ни́на Анато́льевна Аку́лова, касси́рша, 54 го́да, за́мужем, оди́н сын.

 О́ля Фило́нова, студе́нтка филфа́ка МГУ, 19 лет.

 Ле́на Голо́вкина, шко́льница, 10 лет.

 Алекса́ндр Васи́льевич Вя́земский, профе́ссор хи́мии, 58 лет, жена́т, оди́н сын.

 Людми́ла Дми́триевна Зы́кина, перево́дчица Интури́ста, 23 го́да, не за́мужем.

> - Здра́вствуйте, меня́ зову́т Анто́н.
> - Лари́са.

1.2   Здра́вствуй...   Introduce yourself to each person in the class.

> - **Извини́, как тебя́ зову́т?**
> - **Са́ша.**

1.3 **Скажи́, пожа́луйста...**   Find out something about each person in the class. Use the questions below or make up your own. If you forget someone's name, ask again using the model above. Be prepared to report what you have learned to the class.

1. Где ты живёшь?

2. Где живу́т твой роди́тели?

3. Ско́лько у тебя́ бра́тьев и сестёр?

4. Что ты у́чишь?

5. Где ты рабо́таешь?

6. Что ты де́лаешь в свобо́дное вре́мя?

7. Каку́ю му́зыку ты лю́бишь?

8. Каки́м спо́ртом ты увлека́ешься?

> - Вы знако́мы? Это Ира. А э́то Ма́ша.
> - Здра́вствуйте.
> - Здра́вствуйте.

1.4 **Вы знако́мы?** Introduce two of your classmates using the model above.

1.5 **На ты и́ли на вы?** How would you address each of the following people?

1. Ваш де́душка
2. Никола́й Петро́вич, оте́ц ва́шего дру́га
3. Анто́шка, пятиле́тний ма́льчик
4. Незнако́мая же́нщина на у́лице
5. Де́вушка из ва́шего кла́сса
6. Мать ва́шей жены́/ва́шего му́жа
7. Абра́м Моисе́евич, ваш профе́ссор
8. Оля, одиннадцатиле́тняя де́вочка
9. Дире́ктор институ́та
10. Шофёр авто́буса

1.6 **Меня́ зову́т...** Get in small groups and pretend that you are passengers in a train compartment on the way to the Crimea (в Крым). Introduce yourself and find out as much as you can about the other passengers. Choose your character from the beginning of the chapter.

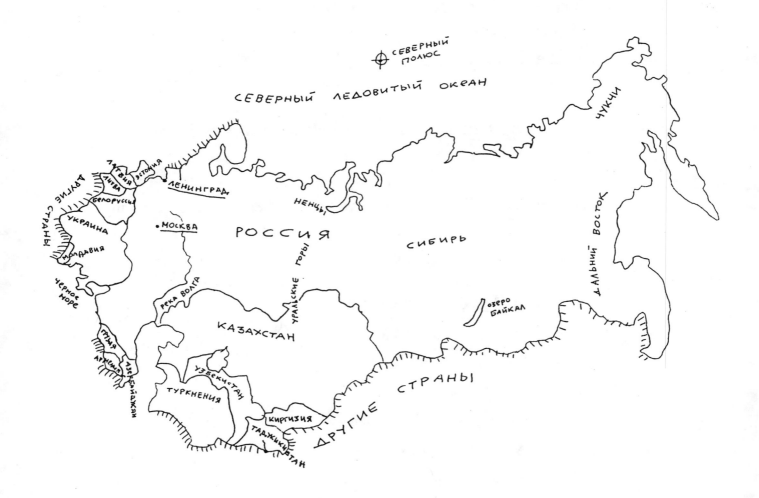

1.7 **Откýда вáши спýтники? Из какóго гóрода?** Using the map above, decide where each character from the beginning of the chapter is from. (For additional cities and the official names of former Soviet republics see Appendix II.)

1.8   Что зна́чит...?   Learn the new vocabulary.

коридо́р	hall
во вре́мя	during
переры́в	break
ле́стница	stairs
покури́ть	to have a smoke
опя́ть	again
похме́лье	hangover
да нет	of course not
простуди́ться	to catch a cold
пора́	it's time
счастли́во	bye

1.9   Слу́шайте внима́тельно!   Listen to the dialogue and answer the following questions.

1.   Когда́ Пе́тя и Ка́тя разгова́ривали?

2.   Где они́ разгова́ривали?

3.   Заче́м они́ вы́шли на ле́стницу?

4.   Что у Пе́ти боле́ло? Почему́?

5.   А что поду́мала Ка́тя?

6.   Куда́ пошла́ Ка́тя?

Диалог N° 1

ТАК ТЫ ИДЁШЬ ИЛИ НЕТ?

Пе́тя и Ка́тя встреча́ются в коридо́ре во вре́мя переры́ва.

К: Приве́т, Пе́тя.
П: Приве́т. Пошли́ на ле́стницу, поку́рим.
К: Пошли́.
П: Ты сейча́с пойдёшь на ле́кцию?
К: Да, а ты?
П: Не зна́ю. У меня́ голова́ боли́т.
К: У тебя́ что, опя́ть похме́лье?
П: Да нет, я простуди́лся.
К: Ой, мне пора́. Так ты идёшь и́ли нет?
П: Нет, я ещё покурю́.
К: Ну пока́.
П: Счастли́во.

1.10 Как вы ду́маете? Answer the following questions.

1. Кто таки́е Пе́тя и Ка́тя?

2. Где они́ у́чатся?

3. На како́м ку́рсе они́ у́чатся? А на како́м факульте́те?

4. Почему́ Ка́тя реши́ла, что у Пе́ти похме́лье?

5. Куда́ идёт Пе́тя?

6. Почему́ они́ ку́рят на ле́стнице?

8

1.11 У меня болит голова. What other reasons or excuses could you give for not going to class or not doing homework?

1.12 Привет! What other ways can you say "Hello"? Which ones are informal?

1.13 Пока. What other ways can you say "Goodbye"? Which are informal?

1.14 Кто это? А кто они по профессии? What do these people do for a living? Fill in the blanks based on the descriptions of the characters at the beginning of the chapter.

1. *Олег Маркевич – рок-музыкант*

2. _____

3. _____

4. _____

5. _____

6. _____

7. _____

8. _____

1.15 Кто это? А кем они работают? What do these people do for a living? Fill in the blanks referring to the characters at the beginning of the chapter.* (The answers to starred exercises appear in Appendix V.)

1. _Елена Львовна работает врачом._

2. _____

3. _____

4. _____

5. _____

6. _____

7. _____

8. _____

9. _____

10. _____

1.16 А вы рабо́таете?   Answer the following questions.

1.   Кем ты сейча́с рабо́таешь? Где ты рабо́таешь? Ско́лько вре́мени ты там рабо́таешь?

2.   Кем ты хо́чешь рабо́тать, когда́ ты ко́нчишь университе́т? В како́м го́роде и́ли шта́те ты хо́чешь рабо́тать? Почему́? (See Appendix II for the names of the states.)

3.   Кем рабо́тает твой оте́ц? А твоя́ мать?

1.17 Что зна́чит...?   Learn the new vocabulary.

в дверя́х	in the doorway
проходи́ть	to come in
раздева́ться	to take off one's coat
сади́ться	to sit down
действи́тельно	really?
одни́	only, just
ка́ктус	cactus
ковбо́й	cowboy
небоскрёб	skyscraper
ма́йка	T-shirt
напи́сано	written

1.18 Слу́шайте внима́тельно! Listen to the dialogue and answer the following questions.

1. Где сидя́т Ким, Серёжа и Андре́й? Что они́ пьют?

2. Где Ма́ша?

3. Ким уже́ давно́ живёт в Москве́? Что она́ там де́лает?

4. Почему́ ей нра́вится Москва́?

5. Из како́го она́ шта́та? А из како́го го́рода?

6. Где она́ у́чится в Аме́рике?

7. Что она́ подари́ла Андре́ю?

8. Как Серёжа обраща́ется к Ким, на ты и́ли на вы?

Диалог N° 2

ЭТО ТОЛЬКО В КИНО

Звонóк. Серёжа открывáет дверь. В дверя́х стои́т его друг Андрéй и незнакóмая дéвушка.

Андрéй:

А: Привéт!

С:

К:

С:

А: Э́то Ким из Амéрики.

С:

К:

С:

К:

А: А где Мáша?

С:

К:

С:

К:

С:

К:

А: А там действи́тельно одни́ кáктусы и ковбóи?

К:

С:

К:

А: (Серёже) Ты что, не ви́дишь, чтó у меня́ на нóвой мáйке напи́сано?

Диалог N° 2

ЭТО ТОЛЬКО В КИНО

Звонóк. Серёжа открывáет дверь. В дверя́х стои́т его друг Андрéй и незнакóмая дéвушка.

Серёжа:

А:

С: Привéт!

К:

С: Проходи́те, раздевáйтесь.

А:

С: Здрáвствуйте.

К:

С: Пойдём на кýхню. Сади́тесь, пожáлуйста. Хоти́те чáю?

К:

А:

С: Онá у своéй мáтери. Скóро придёт. Ким, вы давнó в Москвé?

К:

С: Вы пéрвый раз в Москвé?

К:

С: А где вы живёте в Амéрике?

К:

А:

К:

С: А где вы ýчитесь?

К:

А:

Диалог N° 2

ЭТО ТОЛЬКО В КИНО

Звонóк. Серёжа открывáет дверь. В дверя́х стои́т его друг
Андрéй и незнакóмая дéвушка.

Ким:

А:
С:
К: Здрáвствуйте.
С:
А:
С:
К: Здрáвствуйте.
С:
К: Да, пожáлуйста.
А:
С:
К: Ужé мéсяц. Я здесь учýсь.
С:
К: Да. Мне óчень нрáвится здесь. Лю́ди óчень симпати́чные.
С:
К: В Техáсе.
А:
К: Нет, э́то тóлько в кинó. Я из Дáлласа. Там одни́ миллионéры и
       небоскрёбы.
С:
К: В Техáсском университéте.
А:

1.19 Как вы думаете?   Answer the following questions.

1.   Кто такие Серёжа и Андрей?

2.   Сколько им лет? Они работают? Кем?

3.   Где и как познакомились Андрей и Ким?

4.   На каком курсе Ким учится в Америке? А на каком факультете?

5.   Где она учится в Москве?

6.   Что она будет делать, когда она вернётся в Америку?

7.   Кто такая Маша? Почему она звонит в дверь?

8.   Какое сейчас время года в Москве?

1.20 Где вы живёте в Америке?   What other questions could Masha, Seryozha, and Andrei ask Kim?

1.21 Маша пришла...   Continue the dialogue. As Masha comes into the kitchen, she and Andrei greet each other. Seryozha introduces her to Kim and they get to know each other.

1.22 Я из Калифорнии.   Make up a similar dialogue using stereotypes from another state.

1.23 Как по-вашему?   Topics for discussion.

1. Какие ещё стереотипы об Америке существуют в России?

2. Какие стереотипы о России существуют в Америке?

3. Какие профессии в России считаются «типично женскими»? А в Америке?

1.24 Что значит...?   Learn the new vocabulary.

Тула	Tula, a town in central Russia
Красный Пролетарий	The Red Proletarian
оркестр	orchestra
после того как...	after...
перейти	to transfer
меньше	less
главное	(most) important
на гастроли	on tour (of performers)
способность	ability, talent
наверное	probably
взрослый	adult
медицинский	medical
женат	married (of a man)
остаться	to be left
растить	to raise

1.25 О чём речь?   Listen for the main point of the monologue.

1. Кто говорит?

2. О чём или о ком он/она рассказывает?

1.26 Запо́лните про́пуски. Listen to the monologue and fill in the blanks.

_____ я в Ту́ле, но вот _____ три́дцать лет живу́ в Москве́, _____ инжене́ром на заво́де «Кра́сный пролета́рий». _____ моя́ - учитель му́зыки. Когда́ мы _____, она́ в орке́стре игра́ла, но _____ того́ как у нас сын _____, перешла́ в музыка́льную шко́лу. Там _____ рабо́ты - она́ то́лько три ра́за _____ неде́лю на рабо́ту хо́дит - и, _____, не на́до на гастро́ли е́здить. _____ хоте́ла, чтоб и сын наш _____ музыка́нтом, но у него́ нет _____. В меня́, наве́рное.

Сейча́с _____ уже́ взро́слый, три го́да как _____ институ́т ко́нчил. Жена́т, ско́ро вну́ки пойду́т. _____ как раз до пе́нсии два _____ оста́лось - бу́дем вну́ков расти́ть. Жена́ _____ о том и говори́т.

1.27 Он роди́лся в Ту́ле. Retell the story.

1.28 Родила́сь я в Чика́го... Tell a similar story from the point of view of your mother or father or one of the older characters in this chapter.

ВТОРОЙ УРОК

ВЫ НЕ ТУДА ПОПАЛИ

- Какой твой телефон?
- 342-93-71

2.1 **Чи́сла.** Write out the numbers. (Numbers are in Appendix I.)

1. 82 *восемьдесят два*

2. 01 _____

3. 151 _____

4. 34 _____

5. 628 _____

6. 892 _____

7. 56 _____

8. 466 _____

9. 79 _____

10.   554   _____

11.   919   _____

12.   249   _____

13.   48   _____

14.   110   _____

15.   12   _____

16.   680   _____

17.   07   _____

18.   283   _____

2.2   Координа́ты. One student looks at Grid I below while a partner looks at Grid II on the following page. The students take turns reading out the numbers until both grids are filled.

Grid I

	А	Б	В	Г	Д	Е	Ж	З
1			02	19		512		25
2	34			96	72			12
3		245			53	45	583	
4	29			357		90		76
5	87	31			09		59	
6		99	413			68		692

Grid II

	А	Б	В	Г	Д	Е	Ж	З
1	20	367			50		21	
2		12	69			37	451	
3	90		234	43				53
4		77	19		11		63	
5			126	38		05		07
6	584			23	81		58	

> - Алло́.
> - Здра́вствуйте. Позови́те, пожа́луйста, Ма́шу.
> - Одну́ мину́точку.

2.3   Алло́. Practice the model above using the following names.*

Са́ша _Позови́те, пожа́луйста, Са́шу._
Бори́с Льво́вич _____
Лари́са _____
А́нна Петро́вна _____
Та́ня _____
Серге́й Дми́триевич _____
Андре́й _____
Со́фья Миха́йловна _____
И́горь _____

> - Позвони́ мне за́втра на рабо́ту. Запиши́: 234-61-07.
>   (две́сти три́дцать четы́ре - шестьдеся́т оди́н - ноль семь)
> - Пра́вильно? (пока́зывает)

2.4 Запиши́... Practice the model using the telephone numbers below.

195-27-89	245-36-78	431-01-80
661-15-41	252-93-34	554-08-62
680-76-11	963-88-37	344-25-70
801-49-97	359-27-03	759-94-26

2.5 Испо́рченный телефо́н... The first student whispers a telephone number to the student nearest him or her. Each student passes on what he or she has heard and the last student says the number out loud.

2.6 Ты ча́сто говори́шь по телефо́ну? Answer the following questions.

1. У тебя́ есть телефо́н? Како́й твой телефо́н?

2. Ско́лько у тебя́ телефо́нов? Где они́?

3. Ты лю́бишь разгова́ривать по телефо́ну? С кем ты разгова́риваешь ча́ще всего́?

4. Как ча́сто ты разгова́риваешь с роди́телями по телефо́ну? Кто кому́ звони́т?

5. Ты ча́сто звони́шь из автома́та? Ско́лько э́то сто́ит? Где ближа́йший автома́т в э́том зда́нии?

ПО ТЕЛЕФОНУ

Алло́. Слу́шаю (вас).	Hello.
Позови́те пожа́луйста,... / Попроси́те, пожа́луйста,...	May I please speak to...?
Сейча́с позову́.	I'll get him/her.
Его́/её нет (до́ма).	He/she is not here (at home).
Вы не туда́ попа́ли. / Вы оши́блись.	You've got the wrong number.
Вы не зна́ете, когда́ он/она́ бу́дет/придёт?	Do you know when he/she will be back?
Приме́рно че́рез час.	In about an hour.
Что́-нибудь переда́ть?	May I take a message?
Да, переда́йте (ему́/ей), пожа́луйста, что звони́ла А́ня.	Yes, please tell (him/her) that Anya called.
Нет, спаси́бо. Я позвоню́ ве́чером. / Я перезвоню́.	No, thank you. I'll call tonight./ I'll call back.
Что ему́/ей переда́ть?	May I give him/her a message?
Переда́йте (ему́/ей), пожа́луйста, что	Yes, please tell (him/her) that ...
Ничего́ не слы́шно. Перезвони́те, пожа́луйста.	It's a bad connection. Please call back.

2.7   Слу́шаю.   Complete the dialogues.

1. - _____.

   - Здра́вствуйте. _____.

   - Её нет до́ма.

   - _____?

   - Приме́рно че́рез час. Ей что́-нибудь переда́ть?

   - _____.

   - Хорошо́, я ей переда́м.

   - Спаси́бо. До свида́ния.

2. - Алло́.

   - Бу́дьте добры́, _____, пожа́луйста,
   Миха́йла Евге́ньевича.

   - Кого́?

   - Миха́йла Евге́ньевича.

   - _____.

   - Извини́те, пожа́луйста.

3. - Слу́шаю.

   - До́брый ве́чер. Позови́те, пожа́луйста, Ми́шу.

   - _____.

   - Вы не зна́ете, когда́ он бу́дет?

   - Часо́в в де́вять. _____?

   - Нет, спаси́бо. _____.

4. - Алло́.

   - _____ Лю́ду.

   - Алло́! Алло́! _____.

   - _____.

2.8   Алло́!   Act out the following telephone conversations.

1.   You're calling Vladimir Petrovich. His wife answers the phone and tells you he's not at home. Ask her to tell him that you called.

2.   You're calling Ira. Her grandmother tells you she isn't there and asks if she can take a message. Tell her no, you'll call back later.

3.   You're calling Dima. His neighbor answers the phone and says he isn't there. Ask the neighbor if he knows when Dima will be home.

4.   You're trying to call your friend Igor from a pay phone. The person who answers the phone can't hear you and asks you to call again.

5.   You're calling Maria Aleksandrovna. The person who answers the phone tells you that you have the wrong number.

2.9 Что зна́чит...? Learn the new vocabulary.

норма́льно	fine
да́ча	house in the country
вокза́л	train station
па́мятник Ле́нину	statue of Lenin
ну ла́дно	well...
до встре́чи	see you

2.10 Слу́шайте внима́тельно! Listen to the dialogue and answer the following questions.

1. Кто подошёл к телефо́ну?

2. Что Алёша хо́чет де́лать?

3. Куда́ Бо́ря приглаша́ет Алёшу? На како́й день?

4. Кого́ там не бу́дет?

5. Где на вокза́ле они встре́тятся? Когда́?

Диалог N° 1

НА ВОКЗАЛЕ У ПАМЯТНИКА

НВ: Алло́.

А: Ни́на Влади́мировна?

НВ: Да.

А: До́брый день. Это Алёша. Бо́ря до́ма?

НВ: Здра́вствуй, Алёша. Сейча́с позову́.

Б: Да.

А: Приве́т, э́то я.

Б: Приве́т. Как жизнь?

А: Норма́льно. А у тебя́ как?

Б: То́же ничего́.

А: Слу́шай, дава́й пойдём погуля́ть.

Б: Нет, я сейча́с не могу́. Но зна́ешь что? В воскресе́нье
      роди́телей не бу́дет на да́че. Хо́чешь пое́хать?

А: Коне́чно хочу́. А где встре́тимся?

Б: На вокза́ле, у па́мятника Ле́нину.

А: Во ско́лько?

Б: В де́сять часо́в.

А: Ну ла́дно, до встре́чи.

Б: Счастли́во.

2.11 Как вы ду́маете? Answer the following questions.

1. Кто така́я Ни́на Влади́мировна?

2. С кем живу́т Бо́ря и Алёша? Ско́лько им лет?

3. Отку́да Бо́ря и Алёша зна́ют друг дру́га?

4. Почему́ Бо́ря не мо́жет пойти́ гуля́ть?

5. Кого́ ещё Бо́ря пригласи́л на да́чу? Что они́ бу́дут там де́лать?

2.12 Не хо́тите пойти́ в теа́тр? Choose a character from the first chapter and act out a telephone conversation. Invite your partner somewhere and arrange when and where to meet.

2.13 Ты не хо́чешь сходи́ть...? Find out a classmate's phone number and call and invite him or her somewhere. Make sure you arrange when and where to meet.

2.14 Что зна́чит...? Learn the new vocabulary.

перее́хать	to move (change residence)
на	here, take it (very informal)
дву́шка	two-kopeck coin
никто́ не подхо́дит	no one answers
бу́дьте добры́	would you be so kind
сно́ва	again
дозвони́ться	to reach by phone
бе́гать	to run

2.15 **Слу́шайте внима́тельно!** Listen to the dialogue and answer the following questions.

1. Почему́ Вале́ра и Та́ня звоня́т из автома́та? Ско́лько сто́ит звоно́к из автома́та?

2. Кому́ они́ звоня́т? Заче́м?

3. Куда́ они́ ему́ звоня́т?

4. Како́е у Ко́ли о́тчество?

5. Како́й у Ко́ли рабо́чий телефо́н?

6. Ско́лько раз Та́ня звони́ла?

7. Легко́ бы́ло дозвони́ться?

8. Почему́ Ко́ли не́ было на рабо́те?

Диалог N° 2

ТЕЛЕФОН - АВТОМАТ

У Валéры и Тáни нет телефóна, потомý что онú недáвно переéхали на нóвую квартúру.

Валéра:

В: Тáня, позвонú Кóле и пригласú егó в гóсти.

Т:

В: На. (Даёт двýшку.)

Т:

В: Позвонú емý на рабóту.

*   *   *

Мужчúна:

М: Аллó.

Т:

М: Вы не тудá попáли.

Т:

М: Нет.

Т:

*   *   *

Жéнщина:

Ж: Слýшаю.

Т:

Ж: Егó нет. Емý чтó-нибудь передáть?

Т:

Вéчер. Тáня снóва звонúт из автомáта.

Кóля:

К: Да.

Т:

К: Да, я весь день по магазúнам бéгал. Ну, как у вас там делá?

Т:

К: Хорошó.

Диалог N° 2

ТЕЛЕФОН - АВТОМАТ

У Валéры и Тáни нет телефóна, потомý что онú недáвно переéхали на нóвую квартúру.

Тáня:

В:

Т: Хорошó. Дай двýшку.

В:

Т: (Звонúт.) Никтó не подхóдит.

В:

         *   *   *

М:

Т: Здрáвствуйте. Позовúте, пожáлуйста, Николáя Николáевича.

М:

Т: Извинúте, пожáлуйста, э́то 243-56-07?

М:

Т: Извинúте пожáлуйста.

         *   *   *

Ж:

Т: Бýдьте добры́, позовúте, пожáлуйста, Николáя Николáевича.

Ж:

Т: Нет, спасúбо. Я емý позвонió домóй.

Вéчер. Тáня снóва звонúт из автомáта.

К:

Т: Кóля, э́то ты? Привéт, э́то Тáня. Я тебé весь день звонúла - никáк не моглá дозвонúться.

К:

Т: Да ничегó. Приходú к нам зáвтра вéчером.

К:

2.16 Как вы ду́маете? Answer the following questions.

1. Где но́вая кварти́ра Валёры и Та́ни? Ско́лько в ней ко́мнат?

2. Где они́ рабо́тают? Как они́ е́здят на рабо́ту?

3. Почему́ они́ не на рабо́те?

4. Кем рабо́тает Ко́ля? А Валёра? А Та́ня?

5. Что купи́л Коля?

6. С кем живёт Ко́ля?

7. Отку́да Валёра и Та́ня зна́ют Ко́лю?

8. Кто ещё бу́дет у Валёры и Та́ни? Что они́ бу́дут де́лать?

2.17 Во ско́лько?... Кто ещё бу́дет?... Что мне принести́?...
Continue the dialogue after Kolya accepts the invitation. He asks what time to come, who else will be there, and what he should bring.

2.18 Как по-ва́шему? Topics for discussion.

1. Вы мо́жете жить без телефо́на? Почему́?

2. Что вам бо́льше нра́вится: писа́ть пи́сьма и́ли звони́ть по телефо́ну? Почему́?

3. Кто бо́льше разгова́ривает по телефо́ну - мужчи́ны и́ли же́нщины?

2.19 Что зна́чит...? Learn the new vocabulary.

встреча́ть Но́вый год	to celebrate New Year's Eve
ему́ придётся	he'll have to
плюс	plus
Ка́тина сестра́	Katya's sister
кака́я-то па́ра	some couple
обеща́ть	to promise
обзвони́ть	to call (around)
договори́ться	to agree
отговори́ть	to talk out of
всё-таки	after all
челове́к два́дцать	about twenty people
как ми́нимум	at the very least
пусть	let
заку́ска	appetizers
ры́нок	market
привезти́	to bring
кассе́та	cassette (tape)
кста́ти	by the way
бо́льше ме́ста	more room
удо́бней	more convenient
часа́м к десяти́	by about ten o'clock
сиде́ть	to sit, stay
отвезти́	to take/bring
обра́тно	back
к ве́черу	towards evening
просну́ться	to wake up
еда́	food
остава́ться	to be left, remain

2.20 О чём речь? Listen for the main point of the monologue.

1. Кто говори́т?

2. О чём и́ли о ком он/она́ расска́зывает?

2.21 Запóлните прóпуски. Listen to the monologue and fill in the blanks.

Нóвый год мы обы́чно _____ у Андрéя, но в _____ годý емý придётся к _____ éхать, и мы все _____ к Игорю с Кáтей. _____ все тé же, чтó и обы́чно, плюс Кáтина сестрá и _____ какáя-то пáра - я _____ не знаю. Я обещáл _____ обзвони́ть и договори́ться, чтó _____ покупáть. Кáтя хотéла всё _____ пригóтовить, но я её _____: всё-таки человéк двáдцать _____, как ми́нимум. У Кузнецóва _____, так что винó и _____ пусть он покупáет. Мы _____ Натáшей закýску кýпим на _____, а Серёжа дóлжен шампáнское _____ и кассéты. У них, _____, бóльше мéста, чем у _____, так что танцевáть бýдет _____.

Мы тудá часáм к _____ поéдем, на метрó. Обы́чно _____ до шести́ утрá сиди́м, _____ что обрáтно нас Кузнецóв _____ маши́не отвезёт и́ли сáми на _____ доéдем. К вéчеру проснёмся и _____ роди́телям поéдем - у них всегдá _____ остаётся.

2.22 Они́ обы́чно встречáют Нóвый год у своегó знакóмого Андрéя. Retell the story.

2.23 В э́том годý я дóлжен поéхать к роди́телям встречáть Нóвый год. Tell the story from the point of view of Andrei and describe what New Year's Eve will be like with his parents or describe what you will do for New Year's Eve.

МОИ ПЛЕМЯННИКИ ИЗ КИЕВА

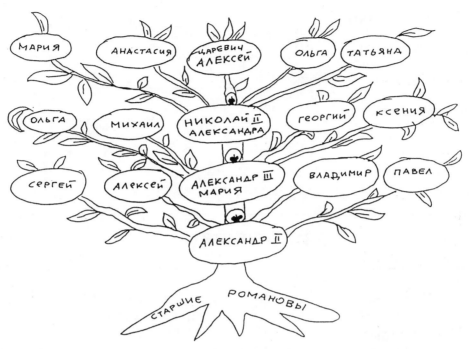

3.1 **Дерево последних трёх русских царей.** Talk about the Romanov's family tree. Refer to the chart on the following page.

3.2 **Кто...?** Fill in the blanks using the chart below.

1. Отец твоего отца _мой дедушка_

2. Брат твоей матери _____

3. Мать твоего дедушки _____

4. Сын твоего брата _____

5. Дочь твоего дяди _____

6. Сын твоей дочери _____

7. Твой отец и твоя мать _____

8. Жена твоего дяди _____

9. Сын твоéй тёти   _____

10. Дочь твоéй сестры́   _____

11. Мать твоегó отцá   _____

12. Отéц твоéй бáбушки   _____

13. Твой сын и твоя́ дочь   _____

14. Дочь твоегó сы́на   _____

РОДСТВЕННИКИ	
прабáбушка	great-grandmother
прадéдушка	great-grandfather
бáбушка	grandmother
дéдушка (дед)	grandfather
родѝтели	parents
мать (мáма)	mother (mom)
отéц (пáпа)	father (dad)
тётя	aunt
дя́дя	uncle
ребёнок (дети)	child
сын	son
дочь	daughter
(двою́родный) брат	male cousin
(двою́родная) сестрá	female cousin
племя́нник	nephew
племя́нница	niece
внук	grandson
внýчка	granddaughter

3.3 У вас большáя семья́? Answer the following questions.

1. У вас большáя семья́? У тебя́ есть брáтья и сёстры? Скóлько у тебя́ брáтьев? А сестёр? Ты сáмый стáрший, сáмый млáдший, или в середи́не?

2. Твои́ брáтья женáты? А сёстры зáмужем? У тебя́ есть племя́нники и́ли племя́нницы? Это дéти твоегó брáта и́ли твоéй сестры́?

3. Твои́ прадéдушки и прабáбушки роди́лись в Амéрике? Когдá и откýда они́ приéхали в Амéрику?

4. У тебя́ есть дéдушки и бáбушки, и́ли они́ ужé ýмерли? Скóлько им лет? Где они́ живýт?

5. Где живýт твои́ роди́тели? Кем они́ рабóтают? Скóлько у них внýков?

6. Скóлько у тебя́ двоюрóдных брáтьев и сестёр? Где они́ живýт? Как чáсто ты их ви́дишь?

7. Ты зáмужем/женáт? Ужé давнó? Как вы познакóмились? У вас есть дéти? Скóлько? Как их зовýт? Скóлько им лет?

3.4 Какáя у вас семья́? Choose characters from the first chapter and pretend that you have just gotten acquainted. Find out about each other's families.

3.5 **Когда́ моя́ ба́бушка была́ молода́я...** Get into small groups. Each student tells about an interesting relative. The group may choose the most interesting story to relate to the class.

3.6 **Что зна́чит...?** Learn the new vocabulary.

ведро́	(garbage) pail
вы́нести	to take out
отста́нь от меня́	stop bugging me (rude)
Ты ни черта́ не де́лаешь!	You don't do a damn thing!
бе́гать	to run around
парази́т	parasite
посу́да	dishes
мыть	to wash
ла́дно	all right

3.7 **Слу́шайте внима́тельно!** Listen to the dialogue and answer the following questions.

1. О чём Лю́ба про́сит Пе́тю?

2. Что де́лает Пе́тя?

3. Что Лю́ба всё вре́мя де́лает?

4. Пе́тя выно́сит ведро́ и́ли нет?

Диалог N° 1

ОТСТАНЬ ОТ МЕНЯ!

Люба и её муж Петя дома.

Л: Петь, ты ведро не вынесешь?

П: Ты что, не видишь, что я телевизор смотрю?

Л: Сколько можно смотреть телевизор?

П: Слушай, отстань от меня.

Л: Что значит «отстань»? Ты ни черта не делаешь,
      а я всё время бегаю.

П: Как ты бегаешь, когда ты всё время по телефону
      разговариваешь?

Л: А кто тебе, паразит, обед готовит? Кто посуду моет?
      Кто по магазинам ходит?

П: Ну ладно, ладно. Дай ведро.

3.8   Как вы думаете?   Answer the following questions.

1.   Что Петя смотрит по телевизору?

2.   Почему Люба не смотрит телевизор?

3.   С кем Люба всё время разговаривает по телефону? О чём
      они разговаривают?

4.   Что делает Петя по дому?

5.   Почему Люба сердится? У них часто бывают скандалы?

6. Как давно́ Пе́тя и Лю́ба жена́ты? У них есть де́ти?

7. Бу́дут ли они́ ещё жена́ты че́рез пять лет?

3.9 Ско́лько мо́жно...? Lyuba asked Petya how he could watch so much television. What else could a person spend too much time doing?

3.10 Ты не вы́несешь ведро́? Lyuba asked Petya to take out the garbage. What else could she have asked him to do?

3.11 Семе́йный сканда́л. Act out an argument with a family member or a roommate.

3.12 Что зна́чит...? Learn the new vocabulary.

забира́ть/забра́ть (кого́) в а́рмию	to draft (+ acc) into the army
люби́ть/полюби́ть (кого́)	to love/to fall in love (+ acc)
выходи́ть/вы́йти за́муж (за кого́)	to marry (f) (за + acc)
жени́ться (на ком)	to marry (m) (на + prep)
жени́ться/пожени́ться	to marry (of a couple)
разлюби́ть (кого́)	to fall out of love (+ acc)
изменя́ть/измени́ть (кому́)	to be unfaithful to (+ dat)
разводи́ться/развести́сь (с кем)	to get divorced (с + inst)
заболева́ть/заболе́ть	to get sick
умира́ть/умере́ть (от чего́)	to die (от + gen)

Óля	Мйша	Óля и Мйша
родилáсь	*родился*	*родились*
		пошлú в дéтский сад
	пошёл в шкóлу	
кóнчила шкóлу		
	забрáли в áрмию	
		поступúли в университéт
познакóмилась с Мúшей		
	полюбúл Óлю	
		поженúлись
у неё родúлся ребёнок		
		разлюбúли друг дрýга
	изменял Óле	
развелáсь с Мúшей		
	заболéл и ýмер	

3.13 Дни нашей жизни... Fill in the table above and then answer the following questions.*

1. Где родился Миша? В каком году? А где родилась Оля? В каком году?

2. Как Оля училась в школе? А Миша как учился?

3. Где Миша служил в армии? Что в это время делала Оля?

4. В какой университет поступила Оля? А Миша? На какие факультеты они поступили?

5. Как Миша и Оля познакомились?

6. Сколько им было лет, когда они поженились? Где они поженились? Где они жили после свадьбы?

7. Когда у них родился ребёнок? Кто у них родился - девочка или мальчик? Как назвали ребёнка?

8. Почему́ они́ разлюби́ли друг дру́га? Кто пе́рвый измени́л?
    С кем?

9. С кем жил ребёнок по́сле того́, как они́ развели́сь?

10. От чего́ у́мер Ми́ша? А О́ля от чего́ умерла́?

3.14 Жи́ли-бы́ли... Get together in small groups and make up a story
about two people using the vocabulary in exercise 3.12. You may
want to use the characters from the first chapter. Later you may relate
your stories to the class.

3.15 Что зна́чит...? Learn the new vocabulary.

Са́шина ба́бушка	Sasha's grandmother
де́лать вид	to pretend
хоро́шенький	cute, pretty
в мо́лодости	in (my) youth
сва́дьба	wedding
подру́жка	female friend of a woman
зави́довать	to envy
оказа́ться	to turn out to be
пья́ница	drunkard
в са́мом де́ле	really
о́ба	both
у́мный	smart
ребя́та	kids
зева́я	yawning
бежа́ть	to run
мно́го уро́ков	a lot of homework

3.16 Слу́шайте внима́тельно! Listen to the dialogue and answer the following questions.

1. Где Юра?

2. Кто така́я Елизаве́та Афана́сьевна?

3. Почему́ она́ хо́чет показа́ть Юре фотогра́фии?

4. Где она́ жила́, когда́ она́ была́ ма́ленькая?

5. Как зва́ли её му́жа? Он был хоро́шим му́жем? Почему́?

6. Почему́ её подру́жки ей зави́довали?

7. Где живу́т её племя́нники? Кем они́ рабо́тают?

8. Почему́ Юре на́до бежа́ть?

Диалог N° 2

БЫЛО ОЧЕНЬ ИНТЕРЕСНО

Юра сиди́т у своего́ дру́га Са́ши и ждёт его́. Са́шина ба́бушка, Елизаве́та Афана́сьевна, разгова́ривает с ним.

Елизаве́та Афана́сьевна:

EA: Зна́ете что, Юрочка, хоти́те я вам фотогра́фии покажу́, чтоб вам не ску́чно бы́ло?

Ю:

EA: Э́то я с роди́телями. Мы тогда́ в дере́вне жи́ли.

Ю:

EA: Спаси́бо, дорого́й.

Ю:

EA: Да, э́то мой муж, Никола́й Ива́нович.

Ю:

EA: Да, мне все подру́жки зави́довали. То́лько он пья́ницей оказа́лся.

Ю:

EA: Да. А э́то мои́ племя́нники из Ки́ева. Они́ о́ба врачи́. Умные ребя́та.

Диалог N° 2

БЫЛО ОЧЕНЬ ИНТЕРЕСНО

Юра сидит у своего друга Саши и ждёт его. Сашина бабушка, Елизавета Афанасьевна, разговаривает с ним.

Юра:

ЕА:

Ю: (Делает вид, что ему интересно.)   Конечно, хочу.

ЕА:

Ю: Мать у вас красивая была. И вы тут такая хорошенькая.

ЕА:

Ю: А это ваша свадьба?

ЕА:

Ю: Какой красивый мужчина.

ЕА:

Ю: В самом деле?

ЕА:

Ю: (Зевая) Интересно. (Встаёт.) Ой, извините, мне надо бежать. Я совсем забыл, что у меня много уроков. Спасибо большое. Было очень интересно.

3.17 Как вы ду́маете? Answer the following questions.

1. Кто таки́е Ю́ра и Са́ша?

2. Где сейча́с Са́ша?

3. Ско́лько челове́к в Са́шиной семье́?

4. Ско́лько лет Елизаве́те Афана́сьевне?

5. Кем она́ рабо́тает? А кем рабо́тал её муж?

6. Где сейча́с её муж?

7. Где была́ её дере́вня?

8. Ю́ре на са́мом де́ле на́до было бежа́ть?

9. Куда́ он пойдёт?

3.18 Извини́те... Yura said that he needed to do his homework. What other reasons could he have given for having to leave?

3.19 А э́то мой племя́нник... Bring pictures of your extended family. While looking at each other's pictures, show your interest by asking a lot of questions. Be sure to give compliments.

3.20 Как по-вáшему? Topics for discussion.

1. Что лýчше: развестúсь úли жить с нелюбúмым человéком?
2. Какóй идеáльный вóзраст для женúтьбы/замýжества?
3. Скóлько детéй должнó быть в семьé?
4. Опишúте вáшего идеáльного мýжа/вáшу идеáльную женý.

3.21 Что знáчит...? Learn the new vocabulary.

вообщé	in general
всё нéкогда	there's never any time
лýчший	best
уходúть в гóсти	to go out visiting
срáзу	right away
прибегáть	to come running
вкýсненький	delicious
приносúть	to bring
любúмый	favorite
картóшка	potatoes
гриб	mushroom
шкóльный	school
нóвости	news
про	about
дéтство	childhood
войнá	war
погúбнуть	to get killed, perish
мультфúльм	cartoon
пéред сном	before bedtime
вслух	aloud
éздить зá город	to go to the countryside
секрéт	secret
зарáнее	beforehand
планúровать	to plan
привестú	to bring
волновáться	to be nervous
одúн и тот же	the same
истóрия	story

48

3.22 О чём речь? Listen for the main point of the monologue.

1. Кто говорит?

2. О чём или о ком он/она рассказывает?

3.23 Заполните пропуски. Listen to the monologue and fill in the blanks.

Сейчас я бабушку редко _____ - у меня семья, дочка _____ школу пошла, работы много, и _____ как-то всё некогда. А _____ я была маленькая, мы _____ ней лучшие друзья были. _____ часто в гости уходили _____ в театр, и бабушка _____ прибегала, чего-нибудь вкусненького _____ и готовила мой любимый _____ , картошку с грибами. Я _____ всегда все школьные новости _____ , а она мне рассказывала _____ своё детство и про _____ . Он на войне погиб. _____ мы часто смотрели мультфильмы _____телевизору, а перед сном _____ читала мне вслух. Иногда _____вместе в кино ходили или _____ за город, и бабушка _____ делать из этого большой _____ и мы всегда всё _____ планировали и ничего не _____ родителям. Когда я познакомилась с _____ мужем, я привела его _____ бабушке в гости, и она _____ волновалась, что рассказала ему _____ раза одну и ту же _____ про дедушку.

3.24 Сейчас она редко видит свою бабушку, потому что... Retell the story.

49

3.25 **Я ча́сто ви́дела вну́чку, когда́ она́ была́ ма́ленькая, но сейча́с мы ре́дко ви́димся.** Tell the story from the point of view of the grandmother or tell about what you used to do with one of your grandparents.

ЧЕТВЁРТЫЙ УРОК
ВО СКОЛЬКО ТЫ ОБЕДАЕШЬ?

4.1 **Что они́ де́лают?** Fill in the blanks with the actions listed below.

она *моет* ~~моет~~ го́лову   она принима́ет ва́нну   она де́лает заря́дку

он де́лает уро́ки   Она ло́жится спа́ть   она *моет* ~~моет~~ посу́ду

~~она~~ ~~вотает~~

он ~~одет~~ одева́ется   Она игра́ет на роя́ле   он *чистит* ~~чистит~~ зу́бы

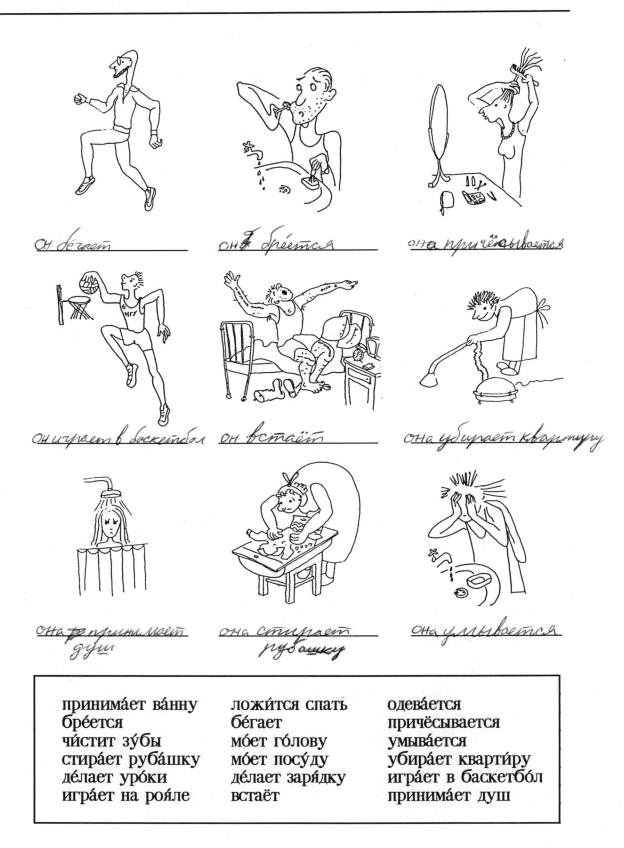

Он бегает

Он бреется

Она причёсывается

Он играет в баскетбол

Он встаёт

Она убирает квартиру

Она принимает душ

Она стирает рубашку

Она умывается

принима́ет ва́нну	ложи́тся спать	одева́ется
бре́ется	бе́гает	причёсывается
чи́стит зу́бы	мо́ет го́лову	умыва́ется
стира́ет руба́шку	мо́ет посу́ду	убира́ет кварти́ру
де́лает уро́ки	де́лает заря́дку	игра́ет в баскетбо́л
игра́ет на роя́ле	встаёт	принима́ет душ

4.2 **Что вы де́лаете ка́ждый день? Я занима́юсь аэро́бикой.**
Number the following daily activities in the order that you do them.

____	... хожу́ на заня́тия	____	... де́лаю уро́ки
____	... принима́ю душ/ва́нну	____	... мо́ю посу́ду
____	... бре́юсь	____	... встаю́
____	... у́жинаю	____	... причёсываюсь
____	... хожу́ на рабо́ту	____	... за́втракаю
____	... де́лаю заря́дку	____	... умыва́юсь
____	... чита́ю газе́ту	____	... игра́ю в футбо́л
____	... ложу́сь спать	____	... обе́даю
____	... чи́щу зу́бы	____	... смотрю́ но́вости
____	... одева́юсь	____	... игра́ю на гита́ре
____	... стира́ю	____	... слу́шаю ра́дио
____	... бе́гаю	____	... мо́ю го́лову

4.3 **У́тром я встаю́. Пото́м я за́втракаю и чита́ю газе́ту. По́сле э́того я...** Talk about what you do every day.

4.4 **Что я де́лаю?** Play charades with daily activities. One student mimes an action while the others try to guess what it is.

4.5 **Éсли это не секрéт...** (**Извинúте за нескрóмный вопрóс.**)
Answer the following questions.

1. Скóлько раз в день ты чúстишь зýбы?

2. Ты хóдишь в университéт по четвергáм?

3. Что ты пьёшь ýтром? А в суббóту вéчером?

4. Скóлько раз в недéлю (в мéсяц, в год) ты убирáешь квартúру?

5. Когдá ты стирáешь?

6. Ты обы́чно принимáешь душ или вáнну?

7. Когдá ты дéлаешь урóки?

8. Кто у тебя́ в семьé мóет посýду?

9. Что ты обы́чно дéлаешь в суббóту в 11 часóв утрá?

10. Что ты обы́чно дéлаешь по воскресéньям пóсле обéда?

4.6   Что значит...?   Learn the following vocabulary.

подъе́зд	entrance to an apartment building
лифт	elevator
о́тпуск	vacation/official time off
ходи́ть за гриба́ми	to go mushroom hunting
спо́рить	to argue
идеа́льный	ideal
о́тдых	vacation
Приба́лтика	the Baltic seacoast
ходи́ть в похо́ды	to go on hikes
ходи́ть на экску́рсии	to go on tours
предпочита́ть	to prefer
акти́вный	active

4.7   Слу́шайте внима́тельно!   Listen to the dialogue and answer the following questions.

1. Куда́ пое́дет Лев Никола́евич?

2. Что он бу́дет де́лать по утра́м? А по вечера́м?

3. Како́й э́то о́тдых?

4. Куда́ пое́дет Ефи́м Я́ковлевич? С кем он е́дет?

5. Что они́ бу́дут де́лать?

6. Како́й о́тдых они́ предпочита́ют?

Диалог N° 1

ИДЕАЛЬНЫЙ ОТДЫХ!

Соседи по подъезду Ефим Яковлевич и Лев Николаевич разговаривают в лифте.

ЕЯ: Вы куда поедете в отпуск в этом году, Лев Николаевич?

ЛИ: Мы будем всё лето на даче. Будем долго спать, гулять, читать, ходить за грибами, а по вечерам пить чай с соседями и спорить о политике. Идеальный отдых!

ЕЯ: А мы с женой в Прибалтику поедем, в Эстонию. Будем ходить в походы, на экскурсии, в бары и в рестораны. Мы предпочитаем активный отдых.

4.8. **Как вы думаете?** Answer the following questions.

1. На каком этаже живёт Лев Николаевич? А Ефим Яковлевич?

2. Сколько лет Льву Николаевичу? А Ефиму Яковлевичу?

3. Кем работает Лев Николаевич? А Ефим Яковлевич?

4. Какие родственники Льва Николаевича будут жить с ним на даче?

5. Во сколько они будут вставать? А ложиться?

6. Что будет читать Лев Николаевич?

7. Какая погода будет в Эстонии летом?

56

4.9 Куда́ вы пое́дете в о́тпуск в э́том году́? Что вы там бу́дете де́лать? Talk about your vacation plans.

4.10 Како́й о́тдых вы предпочита́ете, пасси́вный и́ли акти́вный? Talk about your ideal vacation.

4.11 Ско́лько сейча́с вре́мени? Match the following times.

а.	6.25	___	1.	без пяти́ оди́ннадцать
б.	11.30	___	2.	полшесто́го[1]
в.	4.00	___	3.	четы́ре часа́
г.	9.45	___	4.	без че́тверти четы́ре
д.	1.10	___	5.	два́дцать пять мину́т седьмо́го
е.	3.15	___	6.	без двадцати́ де́вять
ж.	12.00	___	7.	че́тверть четвёртого
з.	10.55	___	8.	двена́дцать часо́в
и.	5.30	___	9.	пять мину́т тре́тьего
к.	8.40	___	10.	без двадцати́ пяти́ во́семь
л.	2.05	___	11.	де́сять мину́т второ́го
м.	3.45	___	12.	час
н.	1.00	___	13.	полдвена́дцатого
о.	7.35	___	14.	без че́тверти де́сять

[1] formal variant - полови́на шесто́го

4.12 Во сколько? Write out the following times. *

7.30 _____

5.45 _____

3.05 _____

6.50 _____

1.15 _____

9.30 _____

7.25 _____

4.15 _____

2.35 _____

11.55 _____

12.30 _____

6.45 _____

10.40 _____

4.13 Сколько времени? One student looks at the times below while a partner looks at the clocks on the following page. The first student reads: «Номер один - десять минут седьмого» The partner finds the clock with that time and writes the number 1 in the blank.

1.	6.10	2.	4.30	3.	3.45
4.	12.00	5.	1.15	6.	10.35
7.	8.25	8.	2.30	9.	9.55
10.	1.00	11.	7.15	12.	2.40
13.	11.05	14.	4.20	15.	3.30

Во сколько ты обедаешь?

59

4.14 Когда́...? Answer the following questions.

1. Во ско́лько начина́ется э́тот уро́к? А во ско́лько конча́ется?

2. Когда́ у тебя́ пе́рвый уро́к в понеде́льник? А во вто́рник?

3. Когда́ ты возвраща́ешься домо́й в сре́ду? А в четве́рг?

4. Когда́ конча́ется твой после́дний уро́к в пя́тницу?

5. Во ско́лько ты обы́чно встаёшь в понеде́льник? А в суббо́ту?

6. Во ско́лько ты обы́чно ложи́шься в пя́тницу? А в воскресе́нье?

7. Во ско́лько ты обы́чно обе́даешь? Ужинаешь?

8. Во ско́лько ты смо́тришь но́вости?

МИШИН ДЕНЬ:

Суббота	9 апреля
7.00	
8.00	
9.00	английский
10.00	
11.00	рус. лит-ра
12.00	
1.00	окно
2.00	(отдать Артёму диски)
3.00	История
4.00	
5.00	по дороге домой купить
6.00	хлеб, молоко, сыр, масло
7.00	не забыть позвонить отцу
8.00	на работу! Петров (водка)

4.15 Мишин дневник. Find the answer to the following questions on the page from Misha's daily calendar.

1. Какое сегодня число?

2. Какой сегодня день?

3. Во сколько у Миши урок английского языка? Когда кончается?

4. Что Миша должен сделать во время окна?

5. Что у него в три часа?

6. Какие продукты Миша должен купить?

7. Кому он должен позвонить?

4.16 Как вы думаете? Answer the following questions.

1. Кто такой Миша?

2. На каком факультете он учится?

3. Что такое «пара»? (У Миши три пары.)

4. Что такое «окно»?

5. Кто попросил его купить продукты?

6. Почему он должен позвонить отцу на работу?

7. Что значит: «Петров»?

8. Что ему надо взять с собой вечером?

9. Что он будет делать у Петрова?

10. Чем его расписание отличается от вашего?

4.17 Что де́лал Ми́ша вчера́ до девяти́? Fill in the blanks with the verbs below.

Ми́ша _____ в полседьмо́го. Он _____ заря́дку, а пото́м _____ душ. По́сле э́того он _____, _____ и пошёл на ку́хню за́втракать. Пото́м он _____ посу́ду и _____ зу́бы. Без двадцати́ пяти́ де́вять он _____ на заня́тия.

(побри́лся, пошёл, помы́л, при́нял, сде́лал, встал, причеса́лся, почи́стил)

4.18 Вчера́ я вста́ла... Tell about what you did yesterday.

4.19 Что зна́чит...? Learn the new vocabulary.

общежи́тие	dormitory
обеща́ть	to promise
по́мнить	to remember
экску́рсия	tour
пу́шкинские места́	sights associated with Pushkin
зайти́ ко мне	to come over/drop by my place
обяза́тельно	definitely
о́коло трёх	around three
то́чно	exactly
мо́жет (быть)	maybe
ка́сса	ticket office
Ки́ровский (теа́тр)	Kirov (theater)
наверняка́	for sure
доста́ть	to obtain (with difficulty)
за́нят(а́)	busy

4.20 Слушайте внимательно! Listen to the dialogue and answer the following questions.

1. Где живёт Линда?

2. Почему она вчера не позвонила Володе?

3. Какая у неё сегодня экскурсия?

4. Почему Линда не может к нему зайти?

5. Когда у неё лекция?

6. Кто работает в кассе в Кировском театре?

7. Когда Володя хочет пойти на балет?

8. Почему Линда не может пойти?

9. Зачем ей нужен его номер телефона?

Диалог N° 2

А ЧТО ТЫ ДЕЛАЕШЬ ЗАВТРА ПОСЛЕ ОБЕДА?

Ли́нда идёт в общежи́тие и встреча́ет своего́ знако́мого Воло́дю.

Воло́дя:

В: Приве́т Ли́нда! Где ты была́ вчера́? Ты же обеща́ла позвони́ть.

Л:

В: Ну как?

Л:

В: А что ты сейча́с де́лаешь?

Л:

В: Это неинтере́сно. Не хо́чешь ко мне зайти́?

Л:

В: А что ты де́лаешь за́втра по́сле обе́да?

Л:

В: Во ско́лько?

Л:

В: Мо́жет в суббо́ту ве́чером на бале́т пойдём? У тёти знако́мая рабо́тает в ка́ссе в Ки́ровском. Наверняка́ биле́ты доста́нет.

Л:

Диалог N° 2

А ЧТО ТЫ ДЕЛАЕШЬ ЗАВТРА ПОСЛЕ ОБЕДА?

Ли́нда идёт в общежи́тие и встреча́ет своего́
знако́мого Воло́дю.

Ли́нда:

В:

Л: Мы е́здили в Петродворе́ц. По́мнишь я тебе́ говори́ла?

В:

Л: Ой, мне о́чень понра́вилось.

В:

Л: У нас экску́рсия по пу́шкинским места́м.

В:

Л: Ты зна́ешь, не могу́. Мне обяза́тельно на́до быть на
экску́рсии.

В:

Л: По-мо́ему, у нас за́втра ле́кция.

В:

Л: О́коло трёх. Я то́чно не по́мню.

В:

Л: Ой нет. В суббо́ту ве́чером я то́же занята́. Слу́шай,
зна́ешь что: дай мне твой телефо́н, и я тебе́ позвоню́.

4.21 Как вы думаете? Answer the following questions.

1. Откуда Линда, и что она делает в Петербурге?

2. Как она познакомилась с Володей?

3. Они давно знают друг друга?

4. Сколько ей лет? А ему?

5. Какая у него квартира? Где она? С кем он живёт?

6. Где он работает? Почему он не на работе?

7. Что им будут показывать на экскурсии по пушкинским местам?

8. О чём будет лекция?

9. Почему Володя приглашает её?

10. Как можно достать билеты в театр?

4.22 У нас ле́кция. Linda said she had to attend a lecture and go on a tour. What other things could she have planned?

4.23 Позови́те, пожа́луйста, Воло́дю. Continue the dialogue. Linda calls Volodya and either accepts or refuses his invitation to the ballet next Saturday night.

4.24 Обме́н мне́ниями. Вы согла́сны? Же́нщина должна́ сиде́ть до́ма с детьми́. Debate this topic using the expressions below.

> Как ты ду́маешь,....?
>
> Я ду́маю, что....
>
> Нет, ты не прав. По-мо́ему,...
>
> А мне ка́жется, что...
>
> Ой нет, я не ду́маю. По-мо́ему... А как по-тво́ему...?
>
> Я со всем согла́сен.

4.25 Как по-ва́шему? Topics for discussion.

1. Что у вас в семье́ де́лает то́лько мать? То́лько оте́ц? То́лько де́ти?

2. Что в Росси́и обы́чно де́лают же́нщины? А мужчи́ны?

4.26 Что зна́чит...? Learn the new vocabulary.

отводи́ть	to take (some place)
переку́сывать	to grab a bite to eat
пра́чечная	laundry (place)
зайти́	to drop by
химчи́стка	dry cleaners
мастерска́я	repair shop, studio
лома́ться	to break down
пылесо́с	vacuum cleaner
в те́хнике	about electronics
забира́ть	to pick up
подогрева́ть	to warm up
стара́ться	to try
нагото́вить	to cook (a large amount)
укла́дывать спать	to put to bed
немно́жко	a little
поболта́ть	to chat a while
по до́му	around the house

4.27 О чём речь? Listen for the main point of the monologue.

1. Кто говори́т?

2. О чём и́ли о ком он/она́ расска́зывает?

4.28 Заполните пропуски. Listen to the monologue and fill in the blanks.

Обычно мы встаём в _____ . После завтрака я _____ дочку в детский сад - _____ на работу. На работу _____ на автобусе и на _____ езжу - всего минут сорок _____. Во время перерыва я _____ чего-нибудь перекусываю, а так _____ больше по магазинам бегаю, _____ где чего дают. Иногда, _____, в прачечную надо зайти, _____ химчистку, или в мастерскую _____-нибудь. (У нас то _____ ломается, то пылесос, а _____ в технике ничего не _____.) После работы забираю дочку _____ детского сада и приезжаю _____ часам к семи. Муж _____ уже дома. Я подогреваю _____ (обычно я стараюсь в _____ на всю неделю наготовить), а _____ часто муж моет, если _____ не очень усталый. Потом муж _____ программу «Время», а я _____ укладываю спать. После этого _____ почитаю, телевизор посмотрю, или _____ телефону с кем-нибудь _____, и спать ложусь.

В _____ вечером мы ходим в _____ или в гости, или _____ нам кто-нибудь приходит. _____ по воскресеньям мы ходим _____ в парк, убираем квартиру, и _____ ездим на дачу - я в _____ работаю, а муж что-_____ по дому делает. А _____ понедельник опять на работу.

4.29 Они обычно встают в полседьмого. Retell the story.

4.30 Обычно я встаю в восемь часов. Завтракаю и ухожу на работу. Tell a similar story from the point of view of the husband or talk about your mother's schedule.

КТО ГДЕ СПИТ?

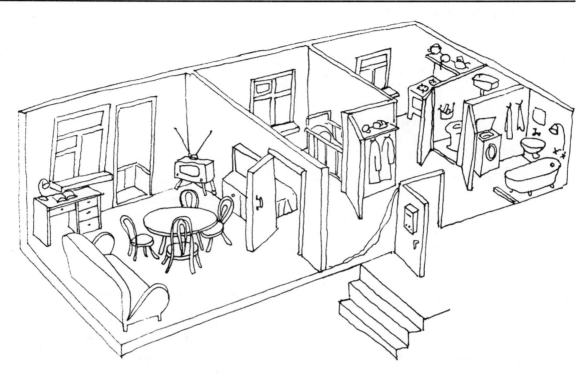

5.1 **Здесь живу́т Ивано́вы - муж, жена́, ребёнок и ба́бушка.**
Где у Ивано́вых...? Label the rooms in the apartment.

вход	больша́я ко́мната
ку́хня	ма́ленькая ко́мната
коридо́р	балко́н
ва́нная	спа́льня
туале́т	гости́ная

5.2 **Как вы ду́маете?** Answer the following questions.

1. Кто где спит?

2. Где обы́чно принима́ют госте́й?

3. Где принима́ют бли́зких друзе́й?

4. Где обéдают Ивáновы?

5. Где онú смóтрят телевúзор?

6. Где онú чúстят зýбы?

7. Где онú стирáют?

8. Чем эта квартúра отличáется от вáшей?

5.3 Что знáчит...? Learn the new vocabulary.

Смеёшься, что ли?	Are you kidding? (very informal)
Чертáново (райóн)	new district in southern Moscow
слáва бóгу	thank God/goodness
довóльно	rather, quite
новосéлье	housewarming
лáдно	well, okay

5.4 Слýшайте внимáтельно! Listen to the dialogue and answer the following questions.

1. В какóй райóн переéхала Мáша?

2. Где метрó?

3. Скóлько кóмнат у неё в нóвой квартúре?

4. Когдá бýдет новосéлье?

Диалог N° 1

КОГДА БУДЕТ НОВОСЕЛЬЕ?

Маша и Женя встречаются на улице.

M: Здравствуй, Женя!
Ж: Привет, Маша! Говорят, ты переехала.
M: Да, мы получили новую квартиру.
Ж: Где она? В центре?
M: Смеёшься, что ли? В Чертаново.
Ж: А метро далеко?
M: Нет, слава богу, близко.
Ж: Сколько комнат?
M: Две. Одна довольно большая, 16 метров.
Ж: Когда будет новоселье?
M: Скоро. Я тебе позвоню.
Ж: Ну, ладно. Пока.
M: Счастливо.

5.5 **Как вы думаете?** Answer the following questions.

1. Кто такие Маша и Женя? А где они встретились?

2. С кем живёт Маша?

3. Где Чертаново? (See subway map.)

4. Как они получили квартиру?

5. Почему Маша должна позвонить Жене?

5.6   Ско́лько ко́мнат? What other questions could Zhenya have asked Masha about her new apartment?

5.7   Алло́. Continue the dialogue. Masha calls Zhenya to invite her to the housewarming party. Zhenya must find out when to come, who else will be there, and what to bring.

5.8   Когда́ я переезжа́ла на но́вую кварти́ру... Talk about the last time you moved.

5.9   Где в гости́ной...? Label the following items.

сто́лик	ковёр	кре́сло	телеви́зор	пол
стена́	стол	занаве́ска	дива́н	ла́мпа
у́гол	сту́лья	шкаф	дверь	

5.10 Что стои́т...? Answer the following questions.

1. Что виси́т над дива́ном?

2. Что стои́т в углу́ у окна́?

3. Что виси́т спра́ва на окне́?

4. Что стои́т сле́ва у стены́?

5. Что стои́т напро́тив телеви́зора?

5.11 Где стои́т...? Answer the following questions.

1. Где стоя́т стол и сту́лья?

2. Где стои́т кре́сло?

3. Где виси́т занаве́ска?

4. Где виси́т ковёр?

5. Где стои́т шкаф?

6. Где лежи́т ковёр?

5.12 В гости́ной... Fill in the blanks in the description of the living room.*

Спра́ва о́коло две́ри стои́т _____. Над _____ виси́т ковёр. В углу́ стои́т ла́мпа. У окна́ стоя́т стол и _____. На окне́ виси́т _____. Сле́ва от окна́ - _____ на балко́н. У _____ стои́т кни́жный шкаф. У _____ стои́т сто́лик с _____, а ря́дом с телеви́зором _____ кре́сло. На полу́ _____ ковёр.

5.13 Где в спáльне...? Label the following items.

стол	кровáть	батарéя	цветы́
горшóк	шкаф	фóрточка	подýшка
пóлка	стул	я́щик	

5.14 Что стои́т...? Answer the following questions.

1. Что стои́т в углý?

2. Что стои́т под окнóм?

3. Что стои́т на окнé?

4. Что (висит) над столóм?

5. Что стоúт слéва у стены́?

6. Что стоúт спрáва у стены́?

5.15 Где стоúт...? Answer the following questions.

1. Где стоя́т горшкú с цветáми?

2. Где стоúт шкаф?

3. Где вися́т пóлки?

4. Где стоúт кровáть?

5. Где стоя́т стол и стул?

6. Где батарéя?

5.16 В спáльне... Fill in the blanks in the description of the bedroom.*

_____ у стены́ _____ стол и стул.
_____ столóм две пóлки. В _____ стоúт
кровáть. На окнé - _____ с цветáми, а под
_____ - батарéя. Слéва у стены́ стоúт
_____.

5.17 Где на кухне...? Label the following items.

столик   раковина   холодильник
плита   посуда   ваза
картинка   занавеска   чайник

5.18 Что стоит...? Answer the following questions.

1. Что стоит между холодильником и кухонным столиком?

2. Что висит над раковиной?

3. Что стоит на плите?

4. Что стоит напротив холодильника?

5.   Что стоит ря́дом с ра́ковиной?

6.   Что виси́т на окне́ за холоди́льником?

7.   Что виси́т на стене́ над холоди́льником?

8.   Что стои́т на столе́?

5.19 Где стои́т...?   Answer the following questions.

1.   Где виси́т по́лка для посу́ды?

2.   Где стоя́т стол и сту́лья?

3.   Где виси́т занаве́ска?

4.   Где стои́т кухо́нный сто́лик?

5.   Где виси́т карти́нка?

6.   Где стои́т ча́йник?

7.   Где стои́т плита́?

8.   Где стои́т ва́за с цвета́ми?

5.20 На ку́хне...   Fill in the blanks in the description of the kitchen.*

Спра́ва ра́ковина. _____ ра́ковиной виси́т по́лка для _____. За _____ стои́т кухо́нный сто́лик, а _____ сто́ликом плита́. На _____ стои́т ча́йник. В углу́ стои́т холоди́льник А _____ стене́ над _____ виси́т карти́нка. Напро́тив холоди́льника _____ стол и сту́лья. На столе́ стои́т ва́за с _____.

5.21 Где в ванной или в туалете...? Label the following items.

ванна	зеркало	стакан	зубная щётка
полочка	душ	шампунь	полотенце
мыло	раковина	кран	туалетная бумага

5.22 Что стоит...? Answer the following questions.

1. Что стоит слева у стены?

2. Что висит слева от унитаза у стены?

3. Что висит справа от раковины?

4. Что виси́т спра́ва от ва́нны?

5. Что виси́т над по́лочкой?

6. Что виси́т ме́жду зе́ркалом и ра́ковиной?

5.23 Где виси́т...? Answer the following questions.

1. Где виси́т полоте́нце?

2. Где виси́т по́лочка?

3. Где виси́т туале́тная бума́га?

4. Где виси́т зе́ркало?

5. Где стои́т ва́нна?

6. Где виси́т ра́ковина?

5.24 В ва́нной... Fill in the blanks in the description of the bathroom.*

В ва́нной сле́ва _____ стены́ стои́т _____. Спра́ва от ва́нны - _____. Над ра́ковиной _____ по́лочка, а над _____ - зе́ркало. Спра́ва от ра́ковины виси́т _____. В туале́те унита́з и _____ бума́га.

5.25 Как вы ду́маете... Answer the following questions. Refer to the drawings on the previous pages.

1. Каки́е кни́ги стоя́т в шкафу́?

2. Что лежи́т под крова́тью? А что в я́щике в столе́? Где поду́шки?

3. Что в холоди́льнике? А в сто́лике?

5.26 В какóй кóмнате ты чи́стишь зу́бы? Ask another student where he or she does various activities.

5.27 Что э́то такóе? Divide into teams. Each team chooses an "artist." Give the artist a list of apartment items and/or locations. As the artist draws each of the items, the team tries to guess what is being drawn. When someone on the artist's team has guessed the item correctly or time has been called, the next item can be drawn.

5.28 Чегó не хватáет? Чем они́ отличáются друг от дру́га? What's missing? How are they different? Get into pairs and compare the two drawings below. One student should look at each of the drawings. Find the differences and fill in the missing details as the drawings are described.

5.29 Сумасше́дшая ко́мната. Draw a crazy room where nothing is where you would expect to find it. Be prepared to describe your drawing to your partner.

5.30 Опиши́те... Describe your apartment or house.

5.31 Что зна́чит...? Learn the new vocabulary.

пока́	in the meantime
ую́тно	cozy
привы́кнуть	to get used to
удо́бно	convenient, handy
замеча́тельный	wonderful
фи́нский	from Finland
подари́ть	to give as a gift
еда́	food
вы́глядеть	to appear, look
изуми́тельный	marvelous, fantastic
Узбекиста́н	Uzbekistan

5.32 Слу́шайте внима́тельно! Listen to the dialogue and answer the following questions.

1. Где Лю́ба и Ната́ша?

2. Что они́ де́лают?

3. Кака́я у Ната́ши ку́хня?

4. Отку́да у неё занаве́ски?

5. Кака́я у Ната́ши плита́?

6. Где сто́ит шкаф? Отку́да он?

7. Кто приготовил еду́?

8. Где ковёр? Отку́да он?

Диалог N° 2

ОЙ, КАК УЮТНО!

Люба прихо́дит к Ната́ше на новосе́лье.

Люба:

Л: Приве́т.
Н:
Л: Все уже́ здесь?
Н:
Л: Мо́жно я пока́ кварти́ру посмотрю́?
Н:
Л: Ой, как уютно. И занаве́ски каки́е краси́вые!
Н:
Л: О, электри́ческая плита́! Ты уже́ привы́кла?
Н:
Л: Ох, како́й замеча́тельный шкаф!
Н:
Л: Ой, ско́лько еды́! И как всё вку́сно вы́глядит!
Н:
Л: Где ты доста́ла тако́й изуми́тельный ковёр?
Н:

Звоно́к в дверь.

Н:

Диалог N° 2

ОЙ, КАК УЮТНО!

Люба приходит к Наташе на новоселье.

Наташа:

Л:

Н: Привет, проходи.

Л:

Н: Нет, ты первая.

Л:

Н: Конечно. Вот кухня.

Л:

Н: Я их сама сделала.

Л:

Н: Да, это очень удобно. А вот наша спальня.

Л:

Н: Да, финский! Это нам Володина мама подарила. А это
       наша гостиная.

Л:

Н: Мне мама помогала.

Л:

Н: Мой дядя привёз из Узбекистана.

Звонок в дверь.

Н: Пойду, открою. Это, наверное, Лена с Колей.

5.33 **Как вы думаете?**   Answer the following questions.

1. Какая плита была у Наташи раньше?

2. Кто такой Володя?

3. Как Володя готовился к новоселью? А как готовилась Люба?

4. Сколько человек будет на новоселье?

5. Что они будут есть? А что они будут пить?

6. Опишите Наташину квартиру.

5.34 **Ой, как красиво!**   Choose a character from the first chapter and pretend that you are the first to arrive at his or her housewarming party. Ask if you can have a tour of the apartment. Be sure to ask questions and to give compliments as you are being shown around the apartment.

5.35 **Стоп! Как вы думаете, где лучше жить...?**   Think on your feet in Russian. In pairs debate each of the topics listed below. Each student has one minute to give his or her opinion. Then each student has thirty seconds to respond. After debating each topic, you may form teams and debate as a class.

1. ... в квартире или в общежитии?

2. ... с родителями или отдельно?

3. ... в новом районе или в центре?

4. ... в большо́м го́роде и́ли в дере́вне?

5. ... одному́/одно́й и́ли с ке́м-то?

5.36 Что зна́чит...? Learn the new vocabulary.

коммуна́льная кварти́ра	communal apartment
неприли́чные анекдо́ты	dirty jokes
ка́рты	cards
поли́тика	politics
о́бщие	shared
по о́череди	taking turns
спо́рить	to argue
сканда́лить	to have fights
кастрю́ля	pot
ла́мпочка	light bulb
поменя́ть	to change
кро́ме	besides, except
пожила́я	elderly
па́ра	couple
стари́к	old man
гаси́ть свет	to turn off the light
сте́нка	wall (diminutive)
плака́т	poster
портре́т	portrait

5.37 О чём речь? Listen for the main point of the monologue.

1. Кто говори́т?

2. О чём и́ли о ком он/она́ расска́зывает?

5.38 Слу́шайте внима́тельно! Listen to the monologue and fill in the blanks.

Когда́ я был ма́леньким, мы _____ в коммуна́льной кварти́ре. У нас _____ одна́ ко́мната. В э́той ко́мнате _____ я и мои́ роди́тели. Моя́ _____ стоя́ла в углу́, и но́чью, _____ у роди́телей бы́ли го́сти, они́ _____ неприли́чные анекдо́ты, кури́ли, игра́ли в _____, говори́ли о поли́тике. Я лежа́л, _____ вид что спал, а сам _____.

Коммуна́льная кварти́ра - э́то кварти́ра, где _____ не́сколько семе́й. У ка́ждой семьи́ _____ ко́мната, а ку́хня и туале́т _____, так что их по о́череди _____. Обы́чно на _____ ку́хне лю́ди мно́го спо́рят и сканда́лят, потому́ что _____ семья́ поста́вила кастрю́лю на стол _____ семьи́, и́ли на́до ла́мпочку поменя́ть _____ ку́хне и́ли в туале́те. В _____ кварти́ре, кро́ме нас, жи́ло ещё _____ семьи́, две семьи́ таки́е же _____ на́ша - роди́тели и де́ти - и _____ па́ра. Стари́к обы́чно на ку́хне _____, и когда́ я выходи́л из туале́та, он всегда́ говори́л: «Не забыва́й _____ свет!»

Когда́ мне бы́ло четы́рнадцать _____, мы перее́хали на но́вую кварти́ру, _____ но́вый райо́н. Там у нас _____ у ка́ждого была́ своя́ ко́мната. У роди́телей у мои́х у ка́ждого _____ своя́ ко́мната, и у меня́ была́ больша́я ко́мната, где я на сте́нке _____ плака́ты с портре́тами рок-_____.

5.39 Когда́ он был ма́леньким, они́ с роди́телями жи́ли в коммуна́льной кварти́ре. Retell the story.

5.40 Ра́ньше мы с жено́й жи́ли в коммуна́льной кварти́ре. Tell the story from the point of view of the old man or talk about a place you once lived.

ШЕСТОЙ УРОК
ЕЩЁ ДАЛЕКО ДО РЫНКА?

> - Вы не скáжете, где здесь останóвка автóбуса?
> - Вон там.

6.1 Какóй автóбус...? Write out the numbers.

1. 26th _двадцать шестой_
2. 53rd _____
3. 84th _____
4. 40th _____
5. 66th _____
6. 31st _____
7. 79th _____

8. 12th _____

9. 95th _____

10. 202nd _____

11. 167th _____

12. 158th _____

13. 19th _____

14. 50th _____

15. 4th _____

16. 73rd _____

17. 7th _____

18. 105th _____

19. 11th _____

20. 268th _____

21. 15th _____

22. 192nd _____

23. 60th _____

24. 48th _____

6.2   Какие автобусы здесь останавливаются?   А какие троллейбусы и трамваи?   Find the numbers on the signs below.

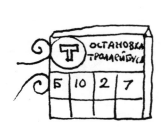

> - Вы не скáжете, какóй троллéйбус идёт в центр?
> - Сóрок пя́тый.
> - Какóй?
> - Сóрок пя́тый.

6.3   Вы не скáжете...? Practice the model above using the following numbers.

38th	27th	19th	256th	341st
93rd	79th	50th	132nd	264th

> - Извинúте, пожáлуйста, на э́том трамвáе мóжно доéхать до Дворцóвой плóщади?
> - Нет, вам нýжен шестóй.

6.4   Извинúте, пожáлуйста...? Practice the model above using the following places.*

Теáтр кýкол _до теáтра кýкол_

Третьякóвская галерéя _____

Центрáльный ры́нок _____

Седьмáя больнúца _____

Стадиóн им. Лéнина _____

93

> - **Вы не ска́жете, как дое́хать до Па́рка культу́ры?**
> - **На деся́том троллейбусе.**

6.5 Как дое́хать...? Practice the model above using the following places.*

Ру́сский музе́й _до Ру́сского музея_

Кра́сная пло́щадь _____

Ле́нинский проспе́кт _____

Дани́ловский монасты́рь _____

Пя́тая поликли́ника _____

> - **Скажи́те, пожа́луйста, ещё далеко́ до Не́вского проспе́кта?**
> - **Ещё пять остано́вок.**

6.6 Ещё далеко́...? Practice the model above using the following places.*

Пло́щадь Маяко́вского _до пло́щади Маяко́вского_

Гости́ница «Асто́рия» _____

Но́вый цирк _____

Музе́й Достое́вского _____

Кинотеа́тр «Ко́смос» _____

6.7 Скажи́те, пожа́луйста,... Role-play the following situations.

1. You've just come out of your hotel in downtown Irkutsk and you're looking for a bus stop. Ask some people standing on the corner where there is a stop.

2. You're at a trolley stop and you see a trolley approaching. Find out from some people at the stop if this trolley will get you to the Central Market.

3. You're at a tram stop. Find out from the people at the stop which tram goes to the subway.

4. You're in a bus going to visit a fellow student who is in the hospital. You've already been on the bus for twenty minutes. Find out from another passenger if Hospital Number Seven is much farther away.

5. You want to go to the Russian Museum to see the new exhibit. Ask some people standing in front of a store how to get there.

6.8　В автобусе, в троллейбусе и в трамвае...　Answer the
following questions.

1.　Где обычно входят пассажиры: через переднюю дверь или
через заднюю (спереди или сзади)?　А где выходят?

2.　Сколько стоит проезд?

3.　Где и как надо платить?

4.　Что надо делать, когда нет сдачи?

5.　Что такое проездной билет?　Что надо делать, когда у тебя
проездной?

6.　В автобусе принято разговаривать с водителем?

7.　Что делает контролёр?

8.　Что такое маршрутное такси?

Пассажи́ры в авто́бусе, троллéйбусе, трамвáе:

Передáйте, пожáлуйста. (дéньги/билéт)	Please pass my money/ticket.
Одну́ кни́жечку, пожáлуйста.	One ticket book, please.
Прокомпости́руйте, пожáлуйста билéт.	Please punch my ticket.
У меня́ проезднóй.	I have a (monthly) pass.
Вы сейчáс выхóдите?	Are you getting off right now?
Вы на слéдующей выхóдите?	Are you getting off at the next stop?
Когдá нам выходи́ть?	When do we have to get off?
Чéрез одну́.	After this stop.
Чéрез две.	After two stops.
Ещё далекó.	It's still far away.
Вы не в ту́ стóрону éдете.	You're going the wrong way.
Вы проéхали.	You've missed your stop.

Контролёр: Ваши билеты, пожалуйста.

Водитель: Граждане пассажиры, проходите, пожалуйста, не задерживайтесь.   Следующая остановка: Дворцовая площадь.

6.9   Вы в автобусе...   Role-play the following situations in small groups.

1.   You've just gotten on a crowded bus.   You already have a book of tickets.   Pass your ticket to a person standing near the ticket validating machine and ask them to punch it.

2.   You've just gotten on at the back of a trolley and need to buy a book of tickets from the driver.   Pass your money to the other passengers to give the driver.

3.   It's late and you're one of the few passengers on the tram.   When the bus comes to a stop, buy a book of tickets from the driver.

4. You and a friend are on the bus on your way to the movies. Ask your friend when you need to get off, so that you can start making your way to the front door of the bus.

5. You know that you need to get off at the next stop and there are several people in front of you. Ask the woman standing in front of you if she is getting off at the next stop. (If she isn't, you need to get in front of her and continue asking each passenger the same question until you get a positive response.)

6.10 Час пик. The entire class is on the same bus. Role-play the scene.

6.11 Что там написано? Look at the subway signs on the following page and answer the following questions.

1. Вы éдете на стáнцию «Павелéцкая». В какýю стóрону вам нýжно идти?

2. Какие монéты мóжно разменять в автомáте?

3. Почему́ нельзя́ прислоня́ться к дверя́м?

4. Для кого́ есть специа́льные места́?

5. Ты идёшь к знако́мому, кото́рый живёт на у́лице Бро́дского. В каку́ю сто́рону тебе́ ну́жно идти́?

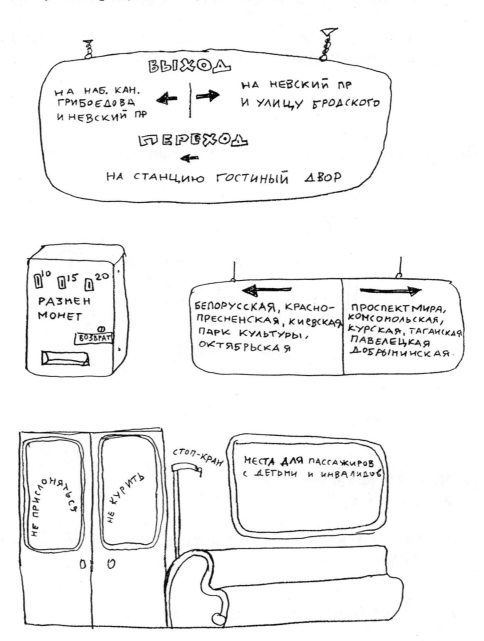

6.12 Что зна́чит...? Learn the new vocabulary.

идти́ в го́сти	to visit (someone)
худо́жник	artist
Кропо́ткинская	subway station in central Moscow
по прямо́й	on a direct (line)
вы́ход	exit
внизу́	downstairs
после́дний	last
ваго́н	subway car
полчаса́	half an hour

6.13 Слу́шайте внима́тельно! Listen to the dialogue and answer the following questions.

1. Аня и Боб на ты и́ли на вы?

2. Куда́ собира́ется Аня?

3. Где Аня с Бо́бом должны́ встре́титься? Почему́?

4. Где на Кропо́ткинской они́ встре́тятся?

5. Ско́лько там вы́ходов?

6. Когда́ они́ встре́тятся?

Диалог N° 1

ТАМ ДВА ВЫХОДА?

A: Алло́.

B: Аня, э́то ты?

A: Да. Приве́т, Боб. Слу́шай, что ты сейча́с де́лаешь?

B: Ничего́. А что́?

A: Я сейча́с иду́ в го́сти. Хо́чешь пойти́ со мно́й?

B: Коне́чно, хочу́. А к кому́ ты идёшь?

A: К одному́ худо́жнику. Тебе́ бу́дет интере́сно.

B: Ла́дно, где встре́тимся? У тебя́?

A: Нет. Дава́й лу́чше в метро́, на Кропо́ткинской. Тебе́ э́то по прямо́й.

B: Там два вы́хода?

A: Да. Дава́й встре́тимся внизу́ у твоего́ после́днего ваго́на.

B: Хорошо́. Когда́?

A: Че́рез полчаса́.

6.14 Как вы ду́маете? Answer the following questions.

1. Кто таки́е Аня и Боб?

2. Они́ давно́ зна́ют друг дру́га? Отку́да вы зна́ете?

3. Как они́ познако́мились?

4. Почему́ Аня счита́ет, что Бо́бу бу́дет интере́сно? Что они́ там бу́дут де́лать?

5. Где живёт Боб? Почему́ они́ встреча́ются на Кропо́ткинской?

6. Отку́да Боб? Что он де́лает в Москве́?

6.15 В метро... Put the following actions in proper sequence.

___ а. Подходит поезд, открываются двери, и из вагонов выходят пассажиры.

___ б. Поднимаешься вверх по лестнице или по эскалатору.

___ в. Слышишь «Осторожно, двери закрываются» и название следующей станции.

___ г. Идёшь на платформу и там ждёшь поезда.

___ д. Входишь в здание метро.

___ е. Двери открываются, и ты выходишь.

___ ж. Опускаешь деньги и проходишь через контроль.

___ з. Находишь нужный выход и выходишь на улицу.

___ и. Спускаешься вниз по лестнице или по эскалатору.

_1_ к. На улице видишь большую букву М.

___ л. Пропускаешь их и входишь в вагон.

___ м. Меняешь деньги в кассе (рубли) или в автомате.

___ н. Садишься или проходишь в середину вагона.

___ о. Когда тебе надо выходить, ты спрашиваешь «Извините, вы сейчас выходите?»

6.16 Как доехать до...? Refer to the subway map to fill in the blanks.*

1. **Третьяковская - Кропоткинская:** Пересядьте на Новокузнецкую. Оттуда доедете до _площади Свердлова_, там сделаете пересадку на _проспект Маркса_. Оттуда доедете до _Кропоткинской_.

SPEAK RUSSIAN!

2. **ВДНХ - Белору́сская:** Поезжа́йте до _____
_____. Переся́дьте на кольцеву́ю. Отту́да
по кольцево́й до _____.

3. **Пло́щадь Ногина́ - Соко́льники:** Поезжа́йте до
_____ Переся́дьте на _____.
Отту́да дое́дете до _____.

4. **Черта́новская - Краснопре́сненская:** Поезжа́йте
до_____. Там сде́лаете переса́дку на
_____. Отту́да по кольцево́й до
_____.

5. **Университе́т - Ле́нинский Проспе́кт:** Поезжа́йте до
_____ _____. Там
переся́дьте на кольцеву́ю. Поезжа́йте по кольцево́й до
_____ Там сде́лаете переса́дку.
Отту́да до _____
_____ по прямо́й.

6.17 Я, ка́жется, заблуди́лся. Explain to someone who is lost how to
get from the first station to the second station using the subway map.

1. Соко́льники - Библиоте́ка и́мени Ле́нина

2. Ки́евская - Речно́й Вокза́л

3. Комсомо́льская - Дина́мо

4. Арба́тская - Дзержи́нская

5. Тага́нская - Изма́йловский парк

6. Пло́щадь Револю́ции - Коло́менская

104

6.18 Что значит...? Learn the new vocabulary.

отлично посидели	that was fun
слишком	too
прямо как	just like
ближайший	nearest
в любом случае	anyway
успеть	to be in time for
пересадка	transfer
по дороге	on the way
поймать	to catch
огонёк горит	the light 's on
свободный	unoccupied
останавливаться	to stop
по заказу	on a call
шутить	to be kidding
удобней	more convenient

6.19 Слушайте, внимательно! Listen to the dialogue and answer the following questions.

1. Где были Игорь и Джон?

2. Сколько сейчас времени?

3. Во сколько метро закрывается?

4. Сколько им идти до станции?

5. Как они поедут домой?

6. Где живёт Джон?

7. Что значит, когда в такси не горит зелёный огонёк?

8. Куда они едут на такси?

105

Диалог N° 2

А ТУТ СТОЯНКА ЕСТЬ?

Игорь и Джон выхо́дят из госте́й.

Игорь:

И: Отли́чно посиде́ли, а?

Д:

И: Да нет, ты молоде́ц. Пря́мо как ру́сский.

Д:

И: Како́е метро́? Уже́ без десяти́ час.

Д:

И: Да, но нам мину́т семь идти́ до ста́нции, и мы в любо́м слу́чае не успе́ем на переса́дку.

Д:

И: На такси́ пое́дем. Мне твоя́ гости́ница по доро́ге.

Д:

И: Да нет, сейча́с на проспе́кт вы́йдем и там пойма́ем.

Д:

И: Не ви́дишь, огонёк не гори́т. Зна́чит за́нято.

Д:

И: Да, э́то е́сли они́ в парк е́дут, и́ли по зака́зу - и́ли е́сли ви́дят, что э́то пья́ный америка́нец.

Д:

И: Да нет, я шучу́. Вот и такси́.

Такси́ст:

И: Метро́ Юго-За́падная.

Такси́ст:

И: Ой, не зна́ю. Как вам удо́бней.

106

Диалог N° 2

А ТУТ СТОЯНКА ЕСТЬ?

Игорь и Джон выходят из гостей.

Джон:

И:

Д: Да, только, по-моему, я слишком много выпил.

И:

Д: Слушай, где тут ближайшее метро?

И:

Д: А разве метро не до часу работает?

И:

Д: Что же делать?

И:

Д: А тут стоянка есть?

И:

Д: А вот он едет!

И:

Д: Они, когда свободные, тоже не всегда останавливаются.

И:

Д: А что, заметно?

И:

Таксист: Вам куда?

И:

Таксист: Как поедем, по кольцу или через центр?

И:

6.20 Как вы ду́маете? Answer the following questions.

1. Кто таки́е И́горь и Джон?

2. У кого́ они́ бы́ли в гостя́х? Что они́ там де́лали?

3. Что име́ет в виду́ И́горь, когда́ он говори́т, что Джон «пря́мо как ру́сский»?

4. В како́м го́роде они́ нахо́дятся? Отку́да вы зна́ете?

5. Где мо́жно пойма́ть такси́?

6. Как Джон бу́дет чу́вствовать себя́ за́втра у́тром? Что у него́ бу́дет?

7. В каки́х слу́чаях ты е́здишь на такси́?

8. Ты ча́сто хо́дишь в го́сти? К кому́ ты хо́дишь?

9. Где вы обы́чно встреча́етесь с ва́шими знако́мыми?

6.21 В такси́... Continue the conversation between John and Igor.

6.22 Как по-ва́шему? Topics for discussion.

1. Каки́е ви́ды тра́нспорта есть в ва́шем го́роде?

2. Расскажи́те об обще́ственном тра́нспорте в Росси́и и в Аме́рике.

3. В ва́шем го́роде мо́жно жить без маши́ны? А в Москве́?

6.23 Что зна́чит...? Learn the new vocabulary.

тёща	mother-in-law (of husband)
вокза́л	train station
провожа́ть	to see (someone) off
маха́ть руко́й	to wave
купе́	train compartment
стака́н	glass
ве́рхняя по́лка	top berth
просыпа́ться	to wake up
ваго́н	train car
сади́ться	to board
гро́мко	loudly
хло́пать дверя́ми	to slam the doors
ваго́н-рестора́н	restaurant car
варёный	boiled
ку́рица	chicken
помидо́р	tomato
яйцо́ вкруту́ю	hard-boiled egg
остана́вливаться	to stop
перро́н	platform
малосо́льный огуре́ц	fresh pickled cucumber
горя́чий	hot
карто́шка	potatoes
укро́п	dill
крича́ть	to shout
скоре́е	faster

6.24 О чём речь? Listen for the main point of the monologue.

1. Кто говори́т?

2. О чём и́ли о ком он/она́ расска́зывает?

6.25 Запóлните прóпуски. Listen to the monologue and fill in the blanks.

Кáждый год мы с _____ éздим отдыхáть в Крым. _____ с тёщей нас всегдá _____ вокзáле провожáют и дóлго _____ рукóй. Потóм женá садится _____ книгу, а я иду _____ коридóр курить, смотрéть в _____ и разговáривать с другими _____, котóрые тóже кýрят и _____ в окнó. Потóм мы _____ женóй и с сосéдями _____ купé пьём чай из _____ и иногдá игрáем в _____. Потóм мы ложимся спать. _____ всегдá сплю на вéрхней _____ и чáсто просыпáюсь во _____ останóвок, когдá в наш _____ садятся люди и грóмко _____ дверями.

На слéдующий день мы _____ читáем, спим и едим. _____ мы всё врéмя, тóлько _____ в вагóне-ресторáне, а в _____ - и почемý-то всегдá _____ и то же: варёную _____, помидóры и яйца вкрутýю. _____ чáсто останáвливается, и я _____ на перрóн и покупáю _____, малосóльные огурцы и горячую _____ с укрóпом. Женá всегдá _____ волнýется, что пóезд уйдёт _____ меня, и кричит из _____, чтоб я скорéе садился.

6.26 Кáждый год мы с женóй éздим отдыхáть в Крым. Retell the story.

6.27 Кáждый год мы с мýжем éздим... Pretend that you are the speaker's wife and talk about your train trips to the Crimea or talk about your own trips.

КАК МЫ ДРУГ ДРУГА УЗНАЕМ?

7.1   Кто это? Как они выглядят? Fill in each person's name based on the descriptions that follow.

1._____

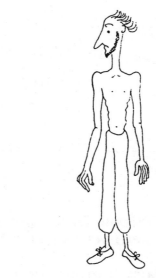

2._____

3._____

4._____

5. _____   6. _____

Валéрий Ивáнович пóлный, нúзкого рóста, лы́сый, в очкáх.
У негó усы́ и голубы́е глазá.

Ларúса стрóйная, срéднего рóста. У неё длúнные, свéтлые вóлосы
и зелёные глазá.

Сóфья Михáйловна худáя, высóкого рóста, седáя, в очкáх.
У неё сéрые глазá.

Илья́ Алексáндрович худóй, высóкого рóста. У негó тёмные
вóлосы, бородá и кáрие глазá.

Вúтя стрóйный, срéднего рóста, в тёмных очкáх. У негó ры́жие
вóлосы и бородá.

Áнна Пáвловна пóлная, мáленького рóста. У неё корóткие,
рýсые вóлосы и кáрие глазá.

7.2 **Кто э́то?** Describe one of the characters from the first chapter. The
other students guess who you are describing.

Юлия Сергеевна	Владимир Ильич	Валентина Ивановна
24 года	40 лет	51 год
худенькая	стройный	полная
длинные русые волосы	чёрные волосы и усы	короткие рыжие волосы, в очках
модно одевается	всегда в костюме с галстуком	носит пёстрые платья
замужем	разведён	не замужем
кончила педагогический институт	кончил филологический факультет ЛГУ	кончила филологический факультет МГУ
специальность - разговорная речь	специальность - перевод	специальность - грамматика
свободно говорит по-английски	работает переводчиком с немецкого	опубликовала много статей о русском синтаксисе
кокетливая, с чувством юмора	весёлый, энергичный	строгая, но справедливая
говорит быстро	много говорит о себе	говорит медленно и отчётливо
на дом задаёт редко и мало	на дом задаёт часто, но мало	на дом задаёт часто и много

7.3 **Кто есть кто? Ку́рсы ру́сского языка́ в Москве́.** Answer the following questions.

1. Ско́лько лет Ю́лии Серге́евне? А Влади́миру Ильичу́? А Валенти́не Ива́новне?

2. Каки́е у Валенти́ны Ива́новны во́лосы? А у Влади́мира Ильича́? А у Ю́лии Серге́евны?

3. Как Влади́мир Ильи́ч одева́ется? А Валенти́на Ива́новна? А Ю́лия Серге́евна?

4. Где учи́лась Ю́лия Серге́евна? А Валенти́на Ива́новна? А Влади́мир Ильи́ч?

5. Кака́я у Влади́мира Ильича́ специа́льность? А у Ю́лии Серге́евны? А у Валенти́ны Ива́новны?

6. Како́й у Валенти́ны Ива́новны хара́ктер? А у Влади́мира Ильича́? А у Ю́лии Серге́евны?

7. Как говори́т Ю́лия Серге́евна? А Валенти́на Ива́новна?

8. Ско́лько Влади́мир Ильи́ч задаёт на́ дом? А Ю́лия Серге́евна? А Валенти́на Ива́новна?

7.4   Как вы думаете?   Answer the following questions.

1.   Какие у них глаза и какого они роста?

2.   Какой у Юлии Сергеевны муж?

3.   Почему Владимир Ильич развёлся с женой?

4.   Почему Валентина Ивановна никогда не была замужем?

5.   Когда Валентина Ивановна кончила МГУ?

6.   Почему Юлия Сергеевна свободно говорит по-английски?

7.   Сколько лет Владимир Ильич учил немецкий язык?

8.   Почему Владимир Ильич много говорит о себе?

7.5   У кого из них вы бы хотели учиться?   Which of the three teachers would you rather have? Discuss why.

7.6   Идеальный учитель русского языка...   Describe the ideal Russian teacher.

7.7   Что зна́чит...? Learn the new vocabulary.

па́ру дней	a couple of days
зану́да	boring person
боя́ться	to be afraid
молча́ть	to be silent
компа́ния	group of friends
про́сто	just
засте́нчивый	shy
стесня́ться	to feel shy, self-conscious

7.8   Слу́шайте внима́тельно! Listen to the dialogue and answer the following questions.

1. Кого́ Ми́ша и Вита́лик обсужда́ют?

2. Где Ми́ша их ви́дел? Когда́?

3. Когда́ они́ бы́ли у Вита́лика?

4. Что де́лал но́вый муж весь ве́чер?

5. Кака́я де́вушка Мари́на?

Диалог N° 1

НУ И КАК ТЕБЕ ЕЁ НОВЫЙ МУЖ?

Миша и Виталик разговаривают по телефону.

B: Миш, ты слышал, что Марина вышла замуж?

M: Да, я их у Лёнки видел пару дней назад.

B: Ну и как тебе её новый муж?

M: Да ничего, только он, по-моему, зануда.

B: Боюсь, что ты прав. Они у меня были вчера, и он весь вечер в углу сидел, молчал.

M: А жалко. Она такая весёлая, симпатичная.

B: Может он просто застенчивый? Стесняется в новой компании?

M: Может и застенчивый. Посмотрим.

7.9 Как вы думаете? Answer the following questions.

1. Что такое «зануда»?

2. Кого из ваших знакомых можно назвать занудой? Почему?

3. Какая разница между застенчивым человеком и занудой?

4. Какая у Миши с Виталиком компания?

5. Маринин новый муж войдёт в эту компанию через какое-то время? Почему?

6. У Марины с мужем будет счастливый брак?

7. Опишите Марину и её нового мужа.

7.10 **Ты слы́шала, что...?** Call a friend and talk about a mutual acquaintance.

7.11 **Каки́е у вас ассоциа́ции?** In the blanks below, write the first Russian word that comes to mind when you think of each color.

	ЦВЕТА́	
бе́лый	white	_____
голубо́й	light blue	_____
жёлтый	yellow	_____
зелёный	green	_____
кори́чневый	brown	_____
кра́сный	red	_____
ора́нжевый	orange	_____
ро́зовый	pink	_____
се́рый	gray	_____
си́ний	dark blue	_____
фиоле́товый	purple	_____
чёрный	black	_____

7.12 **Како́го цве́та...?** Answer the following questions.

1. Како́го цве́та молоко́? А вино́?

2. Како́го цве́та не́бо? А облака́?

3. Како́го цве́та ко́фе с молоко́м? А без молока́?

4. Какого цвета российский флаг? А американский?

5. Какого цвета новые джинсы? А старые?

6. Какого цвета лимоны? А мандарины?

7. Какого цвета листья осенью? А весной?

8. Какого цвета розы? А гвоздики?

9. Какого цвета такси в России? А в Америке?

10. Какого цвета слоны? А медведи?

7.13 У тебя есть машина? Какого цвета? Find someone who has the following items:

1. ... серая машина.

2. ... белый дом.

3. ... жёлтая собака.

4. ... зелёный ковёр.

5. ... фиолетовая ручка.

6. ... коричневый велосипед.

7. ... чёрная кошка.

8. ... оранжевая майка.

9. ... красный телефон.

10. ... розовые кеды.

11. ... голубая зубная щётка.

12. ... синий костюм.

ОДЕЖДА

блу́зка	blouse
боти́нки	shoes
брю́ки (штаны́)	slacks/pants
джи́нсы	jeans
ке́ды (кроссо́вки)	tennis shoes
костю́м	suit
ко́фта	woman's top
ку́ртка	jacket
ма́йка	T-shirt
пальто́	(over) coat
пиджа́к	(sports) coat, jacket
плато́к	headscarf
пла́тье	dress
руба́шка	shirt
сви́тер	sweater
ту́фли	dress shoes
ю́бка	skirt
ша́пка	hat/cap
шарф	scarf

7.14 Что э́то? Label the articles of clothing below.

1. _____ 2. _____ 3. _____

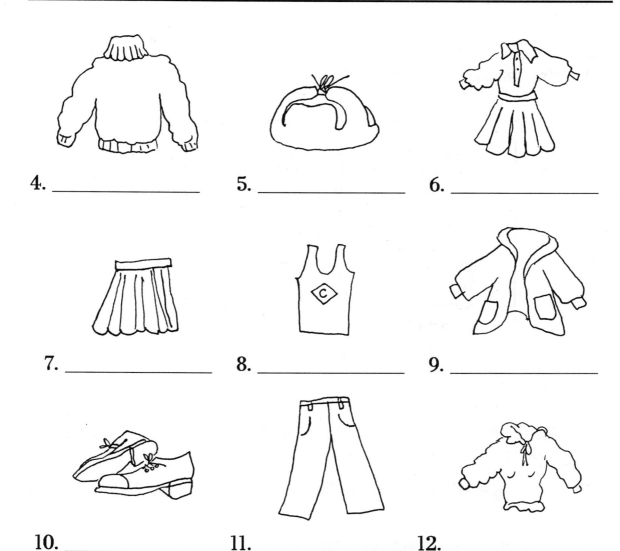

4. _____ 5. _____ 6. _____

7. _____ 8. _____ 9. _____

10. _____ 11. _____ 12. _____

7.15 Он укра́л мою́ су́мку! Bring a color picture of a person from a magazine. Write a description of the person (clothes and appearance) on a separate piece of paper. In class, place the pictures face up and mix up the descriptions. Each student chooses a description and reads it out loud. The other students try to find the "thief."

7.16 Са́мая после́дняя мо́да! На ней элега́нтное чёрное пла́тье... Stage a fashion show. One student models his or her clothes while another student narrates. The narrator then becomes the model. Continue until everyone has been a model and a narrator.

121

7.17 Что зна́чит..? Learn the new vocabulary.

свобо́ден	free
замеча́тельно	wonderful
совсе́м	quite
бли́зко	close, near
сади́ться	to sit
ма́ксимум	at the most
узна́ть	to recognize
то́лько что	just
зайти́	to come over
сади́ться	to catch (a bus)
как раз	just

7.18 Слу́шайте внима́тельно! Listen to the dialogue and answer the following questions.

1. Почему́ Бре́нда звони́т Константи́ну Серге́евичу?

2. Когда́ они́ бу́дут встреча́ться?

3. Где Бре́нда нахо́дится?

4. Где живёт Константи́н Серге́евич?

5. Как туда́ дое́хать?

6. Опиши́те Бре́нду и Константи́на Серге́евича.

7. Кто пришёл пе́рвый?

Диалог N° 2

НУ ЧТО, ПОШЛИ К НАМ?

Константи́н Серге́евич:

КС: Алло́!
Б:

КС: Слу́шаю.
Б:

КС: О, пра́вда? Спаси́бо большо́е. Когда́ вам удо́бней встре́титься?
Б:

КС: Замеча́тельно. Где вы сейча́с нахо́дитесь?
Б:

КС: О, э́то совсе́м бли́зко. Я живу́ ря́дом с До́мом кни́ги на Не́вском.
Б:

КС: Сади́тесь на 47-ой авто́бус и́ли 10-ый тролле́йбус. Это мину́т пятна́дцать ма́ксимум. Я вас встре́чу на остано́вке, у кана́ла Грибое́дова.
Б:

КС: Я бу́ду в се́рых брю́ках и в голубо́й руба́шке. У меня́ тёмные во́лосы и борода́.
Б:

КС: Хорошо́. До встре́чи.
Б:

На остано́вке:

КС: Бре́нда?
Б:

КС: Здра́вствуйте.
Б:

КС: Вы давно́ уже́ здесь?
Б:

КС: Ну, что, пошли́ к нам? Мы с жено́й как раз обе́дать сади́лись.
Б:

Диалог N° 2

НУ ЧТО, ПОШЛИ К НАМ?

Брéнда:

КС:
Б: Здрáвствуйте. Позовúте, пожáлуйста, Константúна Сергéевича.

КС:
Б: Меня́ зовýт Брéнда. У меня́ для вас подáрок от вáшего сы́на.

КС:
Б: Я сейчáс свобóдна, éсли вы не óчень зáняты.

КС:
Б: В университéте.

КС:
Б: Хорошó. Как мне лýчше тудá доéхать?

КС:
Б: Хорошó, знáчит на 47-ой или 10-ый... А как мы друг дрýга узнáем?

КС:
Б: А на мне джúнсы, крáсная кýртка и сúний рюкзáк. У меня́ длúнные свéтлые вóлосы.

КС:
Б: До встрéчи.

На остановке:

КС:
Б: Константúн Сергéевич?

КС:
Б: Здрáвствуйте.

КС:
Б: Нет, я тóлько что приéхала.
КС:

7.19 Как вы думаете? Answer the following questions.

1.   Откуда Брёнда?

2.   В каком городе она сейчас живёт? Что она там делает?

3.   Откуда она знает сына Константина Сергеевича?

4.   Какой подарок она ему привезла?

5.   Как она доехала до Дома книги?

6.   Какая у Константина Сергеевича жена?

7.   Что они будут есть на обед?

7.20 На мне джинсы... Act out a similar dialogue. Describe yourself this time.

7.21 Пошли к нам. Continue the dialogue. Konstantin Sergeevich invites Brenda in and takes her coat. They then go into the kitchen where he introduces her to his wife, who invites Brenda to sit down and have lunch with them.

7.22 Как по-ва́шему? Topics for discussion.

1. Как вы ду́маете, каки́е пода́рки лу́чше взять в Росси́ю?

2. Вы е́дете в Росси́ю на весе́нний семе́стр. Каку́ю оде́жду ну́жно взять?

3. Каки́е цвета́ вам иду́т?

4. Где вы покупа́ете оде́жду? Почему́?

7.23 Что зна́чит...? Learn the new vocabulary.

ужа́сно	terribly, very
похо́ж(а)	like, similar to
соба́ка	dog
пу́дель	poodle
по и́мени	named
кудря́вый	curly-haired
нóс	nose
жа́ловаться	to complain
сла́бое здоро́вье	poor health
све́жий	fresh
во́здух	air
сухо́й	slim
исто́рия	story
сове́т	advice
гроза́	thunderstorm
жа́лобно	complainingly
выть	to howl
утеша́ть	to comfort
ба́нт	bow
ше́я	neck
я́рко-	bright-

7.24 О чём речь? Listen for the main point of the monologue.

1. Кто говорит?

2. О чём и́ли о ком он/она́ расска́зывает?

7.25 Запо́лните про́пуски. Listen to the monologue and fill in the blanks.

У нас в подъе́зде _____ одна́ живёт, Ни́на Дми́триевна, _____ ужа́сно похо́жа на свою́ _____. Соба́ка - пу́дель по _____ Бен, и же́нщина то́же высо́кая, _____, кудря́вая и с дли́нным _____. Они́ ча́сто гуля́ют, и _____ все в до́ме хорошо́ _____. Ни́на Дми́триевна ча́сто жа́луется, _____ у Бе́на сла́бое здоро́вье, _____ что ему́ ну́жен све́жий _____. У само́й Ни́ны Дми́триевны _____ сла́бое здоро́вье, и когда́ _____ боле́ет, с пу́делем гуля́ет _____ взро́слый сын, то́же высо́кий, _____ и с дли́нным но́сом.

_____ вечера́м я иногда́ слы́шу, _____ Ни́на Дми́триевна расска́зывает Бе́ну _____ исто́рии и спра́шивает его́ _____. Во вре́мя грозы́ Бен _____ во́ет, а Ни́на Дми́триевна _____ утеша́ет. Ка́ждое воскресе́нье они́ _____ гуля́ть в парк - Бен с _____ ба́нтом на ше́е, а Ни́на Дми́триевна _____ я́рко-зелёном пла́тье.

7.26 Ни́на Дми́триевна о́чень похо́жа на свою́ соба́ку. Retell the story.

7.27 У меня́ есть соба́ка... Tell the story from Nina Dmitrievna's point of view or tell about your own pet.

БЕЗ ЗАКУСКИ?

8.1   Проду́кты.   Fill in the blanks.*

молоко́	свёкла	вино́
пакéт	килогра́мм	буты́лка
молока	_____	_____
чай	смета́на	морко́вка
па́чка	пакéт	два килогра́мма
_____	_____	_____
соль	я́йца	мя́со
па́чка	деся́ток	два килогра́мма
_____	_____	_____

чёрный хлеб	яблоки	огурцы́
буха́нка	четы́ре килогра́мма	килогра́мм
_____	_____	_____

майонéз	соси́ски	ма́сло
ба́нка	полкило́	200 гра́мм
_____	_____	_____

чесно́к	горчи́ца	молоко́
300 гра́мм	ба́нка	буты́лка
_____	_____	_____

апельси́ны	ма́сло	ры́ба
полтора́ килогра́мма	буты́лка	ба́нка
_____	_____	_____

бéлый хлеб	конфéты	лимóны
батóн	корóбка	два килогрáмма

сыр	кýрица	джем
300 грамм	однá	бáнка

картóшка	сáхар	капýста
пять килогрáмм	пáчка	кочáн

помидóры	колбасá	лук
килогрáмм	400 грáмм	килогрáмм

8.2 **Какие продукты...?** Answer the following questions.

1. Что доро́же - буты́лка молока́ и́ли буты́лка вина́?

2. Что деше́вле - помидо́ры и́ли апельси́ны?

3. Что вкусне́е - карто́шка и́ли капу́ста?

4. Что поле́знее - чёрный хлеб и́ли бе́лый хлеб?

5. Что бо́льше - чесно́к и́ли лук?

6. Что ме́ньше - ба́нка майоне́за и́ли ба́нка горчи́цы?

8.3 **Вчера́ я ходи́л в магази́н и купи́л две́сти грамм сы́ра.**
Вчера́ я ходи́ла в магази́н и купи́ла две́сти грамм сы́ра и
бато́н бе́лого хле́ба... Each student repeats the entire list of food
items purchased and adds a new item.

8.4 **Есть хо́чется...** Answer the following questions.

1. Каки́е фру́кты и о́вощи ты бо́льше всего́ лю́бишь?

2. Каки́е ещё проду́кты ты ча́сто покупа́ешь?

3. Когда́ ты обы́чно хо́дишь за проду́ктами?

4. Ты в оди́н гастроно́м хо́дишь и́ли в ра́зные? Почему́?

5. Кто у вас в семье́ ча́ще всех хо́дит в гастроно́м?

Назва́ния продукто́вых магази́нов	Отде́лы в гастроно́ме
О́вощи - Фру́кты Мя́со - Пти́ца Ры́ба Молоко́ Вино́ Бу́лочная - Конди́терская	Овощно́й Мясно́й Ры́бный Моло́чный Ви́нный Хле́бный Бакале́йный

8.5 **Каки́е проду́кты продаю́тся...?** What is sold in each of the stores listed above? What departments of the grocery store sell the same items?

8.6 **Я за ва́ми.** You're in a grocery store. Put the following actions in proper sequence.

_____ а. Берёшь проду́кты и кладёшь их в свою́ су́мку.

_____ б. Встаёшь в о́чередь в ка́ссу.

_____ в. Идёшь в оди́н из отде́лов.

_____ г. Берёшь чек и сда́чу.

_____ д. Говори́шь касси́рше, что́ ты хо́чешь купи́ть.

_____ е. Смо́тришь, что́ там есть и ско́лько э́то сто́ит.

_____ ж. Встаёшь в о́чередь.

_____ з. Идёшь в ну́жные отде́лы.

_____ и. Встаёшь в о́чередь.

_____ к. Пла́тишь.

__1__ л. Вхо́дишь в гастроно́м.

_____ м. Идёшь в сле́дующий отде́л.

_____ н. Говори́шь продавщи́це, что́ ты хо́чешь и даёшь ей чек.

8.7 **Мне, пожа́луйста...** Ask for the following items.*

1. (1,2,5)

одну буты́лку

_____

_____

2. (1,3,7)

ШОКОЛА́ДНЫЕ КОНФЕ́ТЫ

_____

_____

_____

3. (1,4,9)

МОЛОКО́ СМЕТА́НА

_____

_____

_____

4. (1,2,6)

ЧАЙ СА́ХАР

_____

_____

_____

5. (1,3,8)

МАЙОНЕ́З СЕЛЬ

_____

_____

_____

- Пожа́луйста, два шестьдеся́т в моло́чный, пять два́дцать в ви́нный и рубль девяно́сто в конди́терский.

8.8 В ка́ссе. Practice the model above using the amounts and departments listed below. One student tells the cashier the amount and the department. The second student is the cashier and gives the first student a receipt (чек) with the amount written on it.

4.12 - в ви́нный	3.52 - в моло́чный
2.35 - в овощно́й	1.60 - в ры́бный
2.80 - в бакале́йный	3.70 - в мясно́й

- Пожа́луйста, два паке́та молока́, две па́чки ма́сла и три́ста грамм сы́ра.

8.9 В отде́ле. Practice the model above using the items listed. Make sure you tell the salesperson how much of each item you want.

В овощно́м: морко́вка, свёкла, я́блоки

В мясно́м: колбаса́, мя́со

В бакале́йном: са́хар, чай, джем

В конди́терском: конфе́ты, чай

В ви́нном: кра́сное вино́

В моло́чном: я́йца, майоне́з, смета́на

8.10 Что зна́чит...? Learn the new vocabulary.

командиро́вка	business trip
Слу́шаю вас.	May I take your order?
пе́рвое	first course
ки́слые щи	sour cabbage soup
второ́е	main course
шашлы́к	shish kebab
антреко́т	beef chop
ко́нчиться	to run out of
котле́та	fried ground meat patty
жа́реный	fried
рис	rice
таре́лка	bowl, plate

8.11 Слу́шайте внима́тельно! Listen to the dialogue and answer the following questions.

1. Где Оле́г Анато́льевич? Что он де́лает?

2. Что он зака́зывает на пе́рвое?

3. Что он хо́чет на второ́е?

4. Что ему́ принесу́т на второ́е?

5. Что он пьёт за обе́дом?

Диалог N° 1

ШАШЛЫКА СЕГОДНЯ НЕТ

Олег Анатольевич в командировке. Он сидит в ресторане «Арбат» и читает меню. Подходит официантка.

O: Слушаю вас.

OA: Мне, пожалуйста, на первое кислые щи...

O: Кислые щи.

OA: И на второе шашлык.

O: Шашлыка сегодня нет.

OA: Тогда, пожалуйста, антрекот.

O: Антрекоты кончились.

OA: Ладно. А что у вас есть?

O: Есть котлеты и жареная курица.

OA: Давайте курицу. Она с картошкой?

O: Нет, с рисом.

OA: Хорошо. И 100 грамм водки.

O: Без закуски?

OA: Без закуски.

O: Значит, тарелку кислых щей, жареную курицу и 100 грамм водки?

OA: Да.

8.12 Как вы думаете? Answer the following questions.

1. Кто такой Олег Анатольевич?

2. Как он выглядит? Он женат?

3. Почему он обедает один?

4. Сколько он даёт на чай?

5. Вы бы пошли в этот ресторан?

8.13 Что сегодня в меню? You're in a restaurant. Get in groups and order your meal.

Наталья Семёновна послала своего сына Алёшу в магазин. Вот список, который она ему дала:

2 кг свёклы
кочан капусты
3 кг морковки
1/2 кг лимонов
500 г сметаны
мясо для супа
курица
пачка риса
хлеб (2 батона и половина чёрного)
2 пачки чая (индийского, если есть)
торт "Арахис"
1 бутылка белого сухого вина

8.14 Что в списке? Answer the following questions about the shopping list that Alyosha's mother gave him.

1. Какие овощи Алёша должен купить?

2. Сколько килограмм лимонов?

3. Какие молочные продукты?

4. Какое мясо?

5. Сколько белого хлеба? А чёрного?

6. Какой чай? Сколько пачек чая?

7. Какое вино?

8.15 Как вы думаете? Answer the following questions.

1. Что приготовит Наталья Семёновна на первое?

2. Что она приготовит на второе?

3. Что она приготовит на третье?

4. Что они будут пить за обедом?

5. Из чего состоит каждое блюдо?

6. В какие магазины должен пойти Алёша?

8.16 Что значит...? Learn the new vocabulary.

солёные огурцы́	pickles
ки́слая капу́ста	pickled cabbage
зе́лень	greens, herbs
по доро́ге	on the way
попро́бовать	to try to taste
доста́ть	to get (with difficulty)
пиро́г	pie
почём	how much
полти́на	50 kopecks
мо́рщиться	to make a face
сыно́к	little boy, sonny
ку́шай на здоро́вье	help yourself
отли́чный	excellent
взве́сить	to weigh

8.17 Слу́шайте внима́тельно! Listen to the dialogue and answer the following questions.

1. Каки́е проду́кты Са́ня до́лжен купи́ть на ры́нке?

2. Ско́лько килогра́мм карто́шки ему́ на́до купи́ть?

3. Он уже́ купи́л во́дку?

4. С кем он разгова́ривает на ры́нке?

5. Ско́лько сто́ят огурцы́ на ры́нке? Ско́лько он заплати́л за огурцы́?

6. У кого́ он купи́л огурцы́? Ско́лько килогра́мм огурцо́в он купи́л?

Диалог N° 2

ПОЧЁМ У ВАС ОГУРЦЫ?

Са́ня:

C: Ле́ночка, что́ мне купи́ть на ры́нке?
Л:
C: Карто́шку на́до купи́ть?
Л:
C: Ла́дно, а по доро́ге домо́й ещё раз попро́бую купи́ть во́дку.
Л:
C: Ну ла́дно. Я пошёл.

Са́ня покупа́ет огурцы́ на ры́нке.

C: Почём у вас огурцы́?
П:

(Ухо́дит.)

C: Почём огурцы́?
П:
C: Мо́жно попро́бовать?
П:

(Мо́рщится, ухо́дит.)

C: Почём у вас огурцы́?
П:
C: Мо́жно попро́бовать?
П:
C: Ммм, отли́чные у вас огурцы́. Взве́сьте мне два кило́, пожа́луйста.

Диалог N° 2

ПОЧЁМ У ВАС ОГУРЦЫ?

Лёна:

С:
Л: Сейча́с поду́маю. Купи́ солёные огурцы́, ки́слую
     капу́сту и зе́лень.
С:
Л: Да, килогра́мм пять.
С:
Л: Я уже́ всё доста́ла для пирого́в.
С:

Са́ня покупа́ет огурцы́ на ры́нке.

Продавцы́:

С:
П: Три с полти́ной.

(Ухо́дит.)

С:
П: 2.70
С:
П: А как же, коне́чно мо́жно.

(Мо́рщится, ухо́дит.)

С:
П: Три рубля́ кило́.
С:
П: Коне́чно, сыно́к. На, ку́шай на здоро́вье.
С:

8.18 Как вы ду́маете?   Answer the following questions.

1. Кто таки́е Са́ня и Ле́на?

2. Почему́ он не купи́л во́дку в пе́рвый раз?

3. Заче́м ему нужна́ во́дка?

4. Почему́ он не покупа́ет огурцы́ у пе́рвой же́нщины?

5. Почему́ он мо́рщится, когда́ он про́бует огурцы́ у друго́й же́нщины?

6. Чем отлича́ется ры́нок от гастроно́ма?

8.19 Как по-ва́шему?   Topics for discussion.

1. Каки́е рестора́ны вы лю́бите? Почему́?

2. Что лу́чше: ходи́ть в магази́н ка́ждый день и́ли покупа́ть всё на неде́лю?

3. Каки́е магази́ны вы предпочита́ете? Почему́?

4. Каки́е проду́кты лу́чше покупа́ть на ры́нке?

5. Чем отлича́ется ру́сский гастроно́м от америка́нского?

8.20 Что значит...? Learn the new vocabulary.

бутерброд	sandwich
сильно	really, very
вредно	bad, harmful
каша	porridge, hot cereal
терпеть не могу	I can't stand (endure)
рисовая (каша)	cream of rice
буфет	snack bar
сок	juice
пирожное	pastry
проголодаться	to get hungry
яичница	fried eggs
столовая	cafeteria
кормить	to feed
макароны	macaroni
компот	stewed fruit
пиво	beer
чаще всего	most often
отлично	excellent
готовить	to cook

8.21 О чём речь? Listen for the main point of the monologue.

1. Кто говорит?

2. О чём или о ком он/она рассказывает?

8.22 Заполните пропуски. Listen to the monologue and fill in the blanks.

На завтрак я обычно _____ пью с бутербродами, а
_____ сильно опаздываю, то без _____.
Родители думают, что это _____ для здоровья, и
что _____ должны есть кашу, но _____ кашу
терпеть не могу, _____ рисовую.

В университете я _____ в буфете ем: сок
_____ пирожным или, если очень _____,
то яичницу или сосиски. _____ нас столовая тоже есть,
_____ там очень невкусно кормят: _____
всегда холодные, суп без _____, и всегда один и
_____ же компот. Так что я _____ редко
хожу, даже если _____ день в библиотеке сижу.
_____ мы с ребятами ходим _____
пить или в кафе, но _____ когда деньги есть, а
_____ есть не всегда.

Но _____ всего я, конечно, дома _____.
Мать моя отлично готовит, _____ то что в столовой.

8.23 Обычно он пьёт кофе и ест бутерброды на завтрак. Retell
the story.

8.24 Мой сын плохо питается... Tell the story from the point of view
of the mother or tell about what and where you eat.

Appendix I

Числительные

1	од(и́)н, одна́ (ж)	пе́рвый
2	два, две (ж)	второ́й
3	три	тре́тий
4	четы́ре	четвёртый
5	пять	пя́тый
6	шесть	шесто́й
7	семь	седьмо́й
8	во́семь	восьмо́й
9	де́вять	девя́тый
10	де́сять	деся́тый
11	оди́ннадцать	оди́ннадцатый
12	двена́дцать	двена́дцатый
13	трина́дцать	трина́дцатый
14	четы́рнадцать	четы́рнадцатый
15	пятна́дцать	пятна́дцатый
16	шестна́дцать	шестна́дцатый
17	семна́дцать	семна́дцатый
18	восемна́дцать	восемна́дцатый
19	девятна́дцать	девятна́дцатый
20	два́дцать	двадца́тый
21	два́дцать оди́н	два́дцать пе́рвый
22	два́дцать два	два́дцать второ́й
30	три́дцать	тридца́тый
40	со́рок	сороково́й
50	пятьдеся́т	пятидеся́тый
60	шестьдеся́т	шестидеся́тый
70	се́мьдесят	семидеся́тый
80	во́семьдесят	восьмидеся́тый
90	девяно́сто	девяно́стый
100	сто	со́тый
200	две́сти	двухсо́тый
300	три́ста	трёхсо́тый
400	четы́реста	четырёхсо́тый
500	пятьсо́т	пятисо́тый
600	шестьсо́т	шестисо́тый
1.000	ты́сяча	ты́сячный

Appendix II

Географические названия

Штаты США

Алаба́ма	Монта́на
Аля́ска	Небра́ска
Аризо́на	Нева́да
Арканза́с	Нью-Хе́мпшир
Калифо́рния	Нью-Дже́рси
Колора́до	Нью-Ме́ксико
Конне́ктикут	Нью-Йорк
Делаве́р	Се́верная Кароли́на
Флори́да	Се́верная Дако́та
Джо́рджия	Ога́йо
Гава́йи	Оклахо́ма
А́йдахо	Орего́н
Иллино́йс	Пенсильва́ния
Индиа́на	Род-А́йленд
Айо́ва	Ю́жная Кароли́на
Канза́с	Ю́жная Дако́та
Кенту́кки	Теннесси́
Луизиа́на	Теха́с
Мэн	Ю́та
Мэриле́нд	Вермо́нт
Массачу́сетс	Вирги́ния
Мичига́н	Вашингто́н
Миннесо́та	За́падная Вирги́ния
Миссиси́пи	Виско́нсин
Миссу́ри	Вайо́минг

Бывшие республики СССР и их столицы

Азербайджа́н	Баку́
Арме́ния	Ерева́н
Белару́сь (Белору́ссия)	Минск
Гру́зия	Тбили́си
Казахста́н	Алма-Ата́
Кыргызста́н (Кирги́зия)	Бишке́к (Фру́нзе)
Ла́твия	Ри́га
Литва́	Ви́льнюс
Молдо́ва (Молдо́вия)	Кишинёв
Росси́я	Москва́
Узбекиста́н	Ташке́нт
Украи́на	Ки́ев
Таджикиста́н	Душанбе́
Туркмениста́н (Туркме́ния)	Ашхаба́д
Эсто́ния	Та́ллинн

Appendix III

Первый урок: Диалог N° 2

ЭТО ТОЛЬКО В КИНО

Звонóк. Серёжа открывáет дверь. В дверя́х стои́т его друг Андре́й и незнакóмая де́вушка.

А:	Приве́т!
С:	Приве́т!
К:	Здра́вствуйте.
С:	Проходи́те, раздева́йтесь.
А:	Э́то Ким из Аме́рики.
С:	Здра́вствуйте.
К:	Здра́вствуйте.
С:	Пойдём на ку́хню. Сади́тесь, пожа́луйста. Хоти́те ча́ю?
К:	Да, пожа́луйста.
А:	А где Ма́ша?
С:	Она́ у свое́й ма́тери. Скóро придёт. Ким, вы давнó в Москве́?
К:	Уже́ ме́сяц. Я здесь учу́сь.
С:	Вы пе́рвый раз в Москве́?
К:	Да. Мне óчень нра́вится здесь. Лю́ди óчень симпати́чные.
С:	А где вы живёте в Аме́рике?
К:	В Теха́се.
А:	А там действи́тельно одни́ ка́ктусы и ковбóи?
К:	Нет, э́то тóлько в кинó. Я из Да́лласа. Там одни́ миллионе́ры и небоскрёбы.
С:	А где вы у́читесь?
К:	В Теха́сском университе́те.
А:	(Серёже) Ты что, не ви́дишь, чтó у меня́ на нóвой ма́йке напи́сано?

Второй урок: Диалог N° 2

ТЕЛЕФОН - АВТОМАТ

У Валéры и Тáни нет телефóна, потомý что онú недáвно переéхали на нóвую квартúру.

B: Тáня, позвонú Кóле и приглосú егó в гóсти.
T: Хорошó. Дай двýшку.
B: На. (Даёт двýшку.)
T: (Звонúт.) Никтó не подхóдит.
B: Позвонú емý на рабóту.

       *   *   *

M: Аллó.
T: Здрáвствуйте. Позовúте, пожáлуйста, Николáя Николáевича.
M: Вы не тудá попáли.
T: Извинúте, пожáлуйста, э́то 243-56-07?
M: Нет.
T: Извинúте пожáлуйста.

       *   *   *

Ж: Слýшаю.
T: Бýдьте добры́, позовúте, пожáлуйста, Николáя Николáевича.
Ж: Егó нет. Емý чтó-нибудь передáть?
T: Нет, спасúбо. Я емý позвоню́ домóй.

Вéчер. Тáня снóва звонúт из автомáта.

K: Да.
T: Кóля, э́то ты? Привéт, э́то Тáня. Я тебé весь день звонúла - никáк не моглá дозвонúться.
K: Да, я весь день по магазúнам бéгал. Ну, как у вас там делá?
T: Да ничегó. Приходú к нам зáвтра вéчером.
K: Хорошó.

Третий урок: Диалог N° 2

БЫЛО ОЧЕНЬ ИНТЕРЕСНО

Юра сидит у своего друга Саши и ждёт его. Сашина бабушка, Елизавета Афанасьевна, разговаривает с ним.

ЕА: Знаете что, Юрочка, хотите я вам фотографии покажу, чтоб вам не скучно было?

Ю: (Делает вид, что ему интересно.) Конечно, хочу.

ЕА: Это я с родителями. Мы тогда в деревне жили.

Ю: Мать у вас красивая была. И вы тут такая хорошенькая.

ЕА: Спасибо, дорогой.

Ю: А это ваша свадьба?

ЕА: Да, это мой муж, Николай Иванович.

Ю: Какой красивый мужчина.

ЕА: Да, мне все подружки завидовали. Только он пьяницей оказался.

Ю: В самом деле?

ЕА: Да. А это мои племянники из Киева. Они оба врачи. Умные ребята.

Ю: (Зевая) Интересно. (Встаёт.) Ой, извините, мне надо бежать. Я совсем забыл, что у меня много уроков. Спасибо большое. Было очень интересно.

Четвёртый урок: Диалог N° 2

А ЧТО ТЫ ДЕЛАЕШЬ ЗАВТРА ПОСЛЕ ОБЕДА?

Ли́нда идёт в общежи́тие и встреча́ет своего́
знако́мого Воло́дю.

В: Приве́т Ли́нда! Где ты была́ вчера́? Ты же обеща́ла позвони́ть.

Л: Мы е́здили в Петродворе́ц. По́мнишь я тебе́ говори́ла?

В: Ну как?

Л: Ой, мне о́чень понра́вилось.

В: А что ты сейча́с де́лаешь?

Л: У нас экску́рсия по пу́шкинским места́м.

В: Это неинтере́сно. Не хо́чешь ко мне зайти́?

Л: Ты зна́ешь, не могу́. Мне обяза́тельно на́до быть на экску́рсии.

В: А что ты де́лаешь за́втра по́сле обе́да?

Л: По-мо́ему, у нас за́втра ле́кция.

В: Во ско́лько?

Л: О́коло трёх. Я то́чно не по́мню.

В: Мо́жет в суббо́ту ве́чером на бале́т пойдём? У тёти знако́мая
     рабо́тает в ка́ссе в Ки́ровском. Наверняка́ биле́ты доста́нет.

Л: Ой нет. В суббо́ту ве́чером я то́же занята́. Слу́шай, зна́ешь
     что: дай мне твой телефо́н, и я тебе́ позвоню́.

Пятый урок: Диалог N° 2

ОЙ, КАК УЮТНО!

Люба прихо́дит к Ната́ше на новосе́лье.

Л: Приве́т.

Н: Приве́т, проходи́.

Л: Все уже́ здесь?

Н: Нет, ты пе́рвая.

Л: Мо́жно я пока́ кварти́ру посмотрю́?

Н: Коне́чно. Вот ку́хня.

Л: Ой, как ую́тно. И занаве́ски каки́е краси́вые!

Н: Я их сама́ сде́лала.

Л: О, электри́ческая плита́! Ты уже́ привы́кла?

Н: Да, э́то о́чень удо́бно. А вот на́ша спа́льня.

Л: Ох, како́й замеча́тельный шкаф!

Н: Да, фи́нский! Это нам Воло́дина ма́ма подари́ла. А э́то на́ша
      гости́ная.

Л: Ой, ско́лько еды́! И как всё вку́сно вы́глядит!

Н: Мне ма́ма помога́ла.

Л: Где ты доста́ла тако́й изуми́тельный ковёр?

Н: Мой дя́дя привёз из Узбекиста́на.

Звоно́к в дверь.

Н: Пойду́, откро́ю. Это, наве́рное, Ле́на с Ко́лей.

154

Шестóй урок: Диалог N° 2

А ТУТ СТОЯНКА ЕСТЬ?

Игорь и Джон выхóдят из гостéй.

И: Отлúчно посидéли, а?

Д: Да, тóлько, по-мóему, я слúшком мнóго вúпил.

И: Да нет, ты молодéц. Прямо как рýсский.

Д: Слýшай, где тут ближáйшее метрó?

И: Какóе метрó? Ужé без десятú час.

Д: А рáзве метрó не до чáсу рабóтает?

И: Да, но нам минýт семь идтú до стáнции, и мы в любóм слýчае не успéем на пересáдку.

Д: Чтó же дéлать?

И: На таксú поéдем. Мне твоя гостúница по дорóге.

Д: А тут стоянка есть?

И: Да нет, сейчáс на проспéкт вúйдем и там поймáем.

Д: А вот он éдет!

И: Не вúдишь, огонёк не горúт. Знáчит зáнято.

Д: Онú, когдá свобóдные, тóже не всегдá останáвливаются.

И: Да, это éсли онú в парк éдут, úли по закáзу - úли éсли вúдят, что это пьяный америкáнец.

Д: А чтó, замéтно?

И: Да нет, я шучý. Вот и таксú.

Таксúст: Вам кудá?

И: Метрó Юго-Зáпадная.

Таксúст: Как поéдем, по кольцý úли чéрез центр?

И: Ой, не знáю. Как вам удóбней.

Седьмо́й уро́к: Диало́г N° 2

НУ ЧТО, ПОШЛИ К НАМ?

КС: Алло́!

Б: Здра́вствуйте. Позови́те, пожа́луйста, Константи́на Серге́евича.

КС: Слу́шаю.

Б: Меня́ зову́т Бре́нда. У меня́ для вас пода́рок от ва́шего сы́на.

КС: О, пра́вда? Спаси́бо большо́е. Когда́ вам удо́бней встре́титься?

Б: Я сейча́с свобо́дна, е́сли вы не о́чень за́няты.

КС: Замеча́тельно. Где вы сейча́с нахо́дитесь?

Б: В университе́те.

КС: О, э́то совсе́м бли́зко. Я живу́ ря́дом с До́мом кни́ги на Не́вском.

Б: Хорошо́. Как мне лу́чше туда́ дое́хать?

КС: Сади́тесь на 47-ой авто́бус и́ли 10-ый тролле́йбус. Это мину́т пятна́дцать ма́ксимум. Я вас встре́чу на остано́вке, у кана́ла Грибое́дова.

Б: Хорошо́, зна́чит на 47-ой или 10-ый... А как мы друг дру́га узна́ем?

КС: Я бу́ду в се́рых брю́ках и в голубо́й руба́шке. У меня́ тёмные во́лосы и борода́.

Б: А на мне джи́нсы, кра́сная ку́ртка и си́ний рюкза́к. У меня́ дли́нные све́тлые во́лосы.

КС: Хорошо́. До встре́чи.

Б: До встре́чи.

На остано́вке:

КС: Бре́нда?

 Б: Константи́н Серге́евич?

КС: Здра́вствуйте.

 Б: Здра́вствуйте.

КС: Вы давно́ уже́ здесь?

 Б: Нет, я то́лько что прие́хала.

КС: Ну, что, пошли́ к нам? Мы с жено́й как раз обе́дать садились.

Восьмо́й уро́к: Диало́г N° 2

ПОЧЁМ У ВАС ОГУРЦЫ́?

C: Ле́ночка, что́ мне купи́ть на ры́нке?

Л: Сейча́с поду́маю. Купи́ солёные огурцы́, ки́слую капу́сту и зе́лень.

C: Карто́шку на́до купи́ть?

Л: Да, килогра́мм пять.

C: Ла́дно, а по доро́ге домо́й ещё раз попро́бую купи́ть во́дку.

Л: Я уже́ всё доста́ла для пирого́в.

C: Ну ла́дно. Я пошёл.

Са́ня покупа́ет огурцы́ на ры́нке.

C: Почём у вас огурцы́?

П: Три с полти́ной.

(Ухо́дит.)

C: Почём огурцы́?

П: 2.70

C: Мо́жно попро́бовать?

П: А как же, коне́чно мо́жно.

(Мо́рщится, ухо́дит.)

С: Почём у вас огурцы́?

П: Три рубля́ кило́.

С: Мо́жно попро́бовать?

П: Коне́чно, сыно́к. На, ку́шай на здоро́вье.

С: Ммм, отли́чные у вас огурцы́. Взве́сьте мне два кило́, пожа́луйста.

Appendix IV

Первый урок: Монолог

Родился я в Туле, но вот уже тридцать лет живу в Москве, работаю инженером на заводе «Красный пролетарий». Жена моя - учитель музыки. Когда мы познакомились, она в оркестре играла, но после того как у нас сын родился, перешла в музыкальную школу. Там меньше работы - она только три раза в неделю на работу ходит - и, главное, не надо на гастроли ездить. Она хотела, чтоб и сын наш стал музыкантом, но у него нет способностей. В меня, наверное.

Сейчас он уже взрослый, три года как медицинский институт кончил. Женат, скоро внуки пойдут. Мне как раз до пенсии два года осталось - будем внуков растить. Жена только о том и говорит.

Второй урок: Монолог

Новый год мы обычно встречаем у Андрея, но в этом году ему придётся к родителям ехать, и мы все пойдём к Игорю с Катей. Будут все те же, что и обычно, плюс Катина сестра и ещё какая-то пара - я их не знаю. Я обещал всех обзвонить и договориться, что кому покупать. Катя хотела всё сама приготовить, но я её отговорил: всё-таки человек двадцать будет, как минимум. У Кузнецова машина, так что вино и водку пусть он покупает. Мы с Наташей закуску купим на рынке, а Серёжа должен шампанское привезти и кассеты. У них, кстати, больше места, чем у Андрея, так что танцевать будет удобней.

Мы туда часам к десяти поедем, на метро. Обычно мы до шести утра сидим, так что обратно нас Кузнецов на машине отвезёт или сами на метро доедем. К вечеру проснёмся и к родителям поедем - у них всегда еда остаётся.

Третий урок: Монолог

Сейча́с я ба́бушку ре́дко ви́жу - у меня́ семья́, до́чка в шко́лу пошла́, рабо́ты мно́го, и вообще́ ка́к-то всё не́когда. А когда́ я была́ ма́ленькая, мы с ней лу́чшие друзья́ бы́ли. Роди́тели ча́сто в го́сти уходи́ли и́ли в теа́тр, и ба́бушка сра́зу прибега́ла, чего́-нибудь вку́сненького приноси́ла и гото́вила мой люби́мый у́жин, карто́шку с гриба́ми. Я ей всегда́ все шко́льные но́вости расска́зывала, а она́ мне расска́зывала про своё де́тство и про де́душку. Он на войне́ поги́б. Ещё мы ча́сто смотре́ли мультфи́льмы по телеви́зору, а пе́ред сном ба́бушка чита́ла мне вслух. Иногда́ мы вме́сте в кино́ ходи́ли и́ли е́здили за́ город, и ба́бушка люби́ла де́лать из э́того большо́й секре́т, и мы всегда́ всё зара́нее плани́ровали и ничего́ не говори́ли роди́телям. Когда́ я познако́милась с мои́м му́жем, я привела́ его́ к ба́бушке в го́сти, и она́ так волнова́лась, что рассказа́ла ему́ два ра́за одну́ и ту же исто́рию про де́душку.

Четвёртый урок: Монолог

Обы́чно мы встаём в полседьмо́го. По́сле за́втрака я отвожу́ до́чку в де́тский сад - и на рабо́ту. На рабо́ту я на авто́бусе и на метро́ е́зжу - всего́ мину́т со́рок пять. Во вре́мя переры́ва я бы́стро чего́-нибудь переку́сываю, а так всё бо́льше по магази́нам бе́гаю, смотрю́ где чего́ даю́т. Иногда́, коне́чно, в пра́чечную на́до зайти́, в химчи́стку, и́ли в мастерску́ю каку́ю-нибудь. (У нас то телеви́зор лома́ется, то пылесо́с, а муж в те́хнике ничего́ не понима́ет.) По́сле рабо́ты забира́ю до́чку из де́тского са́да и приезжа́ю домо́й часа́м к семи́. Муж обы́чно уже́ до́ма. Я подогрева́ю у́жин (обы́чно я стара́юсь в воскресе́нье на всю неде́лю наготовить) а посу́ду ча́сто муж мо́ет, е́сли он не о́чень уста́лый. Пото́м муж смо́трит програ́мму «Вре́мя», а я до́чку укла́дываю спать. По́сле э́того немно́жко почита́ю, телеви́зор посмотрю́, и́ли по телефо́ну с ке́м-нибудь поболта́ю, и спать ложу́сь.

В суббо́ту ве́чером мы хо́дим в кино́ и́ли в го́сти, и́ли к нам кто́-нибудь прихо́дит. А по воскресе́ньям мы хо́дим гуля́ть в па́рк, убира́ем кварти́ру, и иногда́ е́здим на да́чу - я в саду́ рабо́таю, а муж что́-нибудь по до́му де́лает. А в понеде́льник опя́ть на рабо́ту.

Пятый урок: Монолог

Когда я был маленьким, мы жили в коммунальной квартире. У нас была одна комната. В этой комнате жил я и мои родители. Моя кровать стояла в углу, и ночью, когда у родителей были гости, они рассказывали неприличные анекдоты, курили, играли в карты, говорили о политике. Я лежал, делал вид что спал, а сам слушал.

Коммунальная квартира - это квартира, где живёт несколько семей. У каждой семьи одна комната, а кухня и туалет общие, так что их по очереди убирают. Обычно на коммунальной кухне люди много спорят и скандалят, потому что одна семья поставила кастрюлю на стол другой семьи, или надо лампочку поменять на кухне или в туалете. В нашей квартире, кроме нас, жило ещё три семьи: две семьи такие же как наша - родители и дети - и пожилая пара. Старик обычно на кухне сидел, и когда я выходил из туалета, он всегда говорил: «Не забывай гасить свет!»

Когда мне было четырнадцать лет, мы переехали на новую квартиру, в новый район. Там у нас уже у каждого была своя комната. У родителей у моих у каждого была своя комната, и у меня была большая комната, где я на стенке повесил плакаты с портретами рок-музыкантов.

Шестой урок: Монолог

Каждый год мы с женой ездим отдыхать в Крым. Сын с тёщей нас всегда на вокзале провожают и долго машут рукой. Потом жена садится читать книгу, а я иду в коридор курить, смотреть в окно и разговаривать с другими пассажирами, которые тоже курят и смотрят в окно. Потом мы с женой и с соседями по купе пьём чай из стаканов и иногда играем в карты. Потом мы ложимся спать. Я всегда сплю на верхней полке и часто просыпаюсь во время остановок, когда в наш вагон садятся люди и громко хлопают дверями. На следующий день мы много читаем, спим и едим. Едим мы всё время, только не в вагоне-ресторане, а в купе - и почему-то всегда одно и то же: варёную курицу, помидоры и яйца вкрутую. Поезд часто останавливается, и я выхожу на перрон и покупаю фрукты, малосо́льные огурцы́ и горя́чую карто́шку с укро́пом. Жена́ всегда́ о́чень волну́ется, что по́езд уйдёт без меня́, и кричи́т из окна́, чтоб я скоре́е сади́лся.

Седьмо́й уро́к: Моноло́г

У нас в подъе́зде же́нщина одна́ живёт, Ни́на Дми́триевна, кото́рая ужа́сно похо́жа на свою́ соба́ку. Соба́ка - пу́дель по и́мени Бен, и же́нщина то́же высо́кая, худа́я, кудря́вая и с дли́нным но́сом. Они́ ча́сто гуля́ют, и их все в до́ме хорошо́ зна́ют. Ни́на Дми́триевна ча́сто жа́луется, что у Бе́на сла́бое здоро́вье, и что ему́ ну́жен све́жий во́здух. У само́й Ни́ны Дми́триевны то́же сла́бое здоро́вье, и когда́ она́ боле́ет, с пу́делем гуля́ет её взро́слый сын, то́же высо́кий, сухо́й и с дли́нным но́сом.

По вечера́м я иногда́ слы́шу, как Ни́на Дми́триевна расска́зывает Бе́ну ра́зные исто́рии и спра́шивает его́ сове́та. Во вре́мя грозы́ Бен жа́лобно во́ет, а Ни́на Дми́триевна его́ утеша́ет. Ка́ждое воскресе́нье они́ хо́дят в парк - Бен с кра́сным ба́нтом на ше́е, а Ни́на Дми́триевна в я́рко-зелёном пла́тье.

Восьмо́й уро́к: Моноло́г

На за́втрак я обы́чно ко́фе пью с бутербро́дами, а е́сли си́льно опа́здываю, то без бутербро́дов. Роди́тели ду́мают, что э́то вре́дно для здоро́вья, и что все должны́ есть ка́шу, но я ка́шу терпе́ть не могу́, осо́бенно ри́совую.

В университе́те я обы́чно в буфе́те ем: сок с пиро́жным и́ли, е́сли о́чень проголода́лся, то яи́чницу и́ли соси́ски. У нас столо́вая то́же есть, но там о́чень невку́сно ко́рмят: макаро́ны всегда́ холо́дные, суп без мя́са, и всегда́ оди́н и тот же компо́т. Так что я туда́ ре́дко хожу́, да́же е́сли весь день в библиоте́ке сижу́. Иногда́ мы с ребя́тами хо́дим пи́во пить и́ли в кафе́, но э́то когда́ де́ньги есть, а де́ньги есть не всегда́.

Но ча́ще всего́ я, коне́чно, до́ма обе́даю. Мать моя́ отли́чно гото́вит, не то что в столо́вой.

Appendix V

1.15 Кто это? А кем они работают?

1. Елена Львовна работает врачом.
2. Пелагея Антиповна работает уборщицей.
3. Павел Борисович работает секретарём райкома.
4. Фёдор Степанович работает механиком.
5. Нина Анатольевна работает кассиршей.
6. Александр Васильевич работает профессором.
7. Валентина Владимировна работает инженером.
8. Ленина Викторовна работает официанткой.
9. Василий Андреевич работает милиционером.
10. Ахмет Ахметович работает поваром.

2.3 Алло. Позовите, пожалуйста...

Саша	Сашу
Борис Львович	Бориса Львовича
Лариса	Ларису
Анна Петровна	Анну Петровну
Таня	Таню
Сергей Дмитриевич	Сергея Дмитриевича
Андрей	Андрея
Софья Михайловна	Софью Михайловну
Игорь	Игоря

3.13 Дни нашей жизни...

Óля	Миша	Óля и Миша
родилáсь	родился	родились
пошла ...	пошёл ...	пошли в детский сад
пошла ...	пошёл в школу	пошли ...
кончила школу	кончил ...	кончили ...
—	забрали в армию	—
поступила	поступил	поступили в университет
познакóмилась с Мишей	познакомилась с Олей	познакомились друг с другом
полюбила Мишу	полюбил Óлю	полюбили друг друга
вышла замуж за Мишу	женился на Оле	поженились
у неё родился ребёнок	у него родился ребёнок	у них родился ребёнок
разлюбила Мишу	разлюбил Олю	разлюбили друг друга
изменяла Мише	изменял Óле	изменяли друг другу
развелась с Мишей	развёлся с Олей	развелись
заболела и умерла	заболел и умер	заболели и умерли

4.12 Во ско́лько?

7.30	*в полвосьмого*
5.45	*без четверти шесть*
3.05	*в пять минут четвёртого*
6.50	*без десяти семь*
1.15	*в четверть второго*
9.30	*в полдесятого*
7.25	*в двадцать пять минут восьмого*
4.15	*в четверть пятого*
2.35	*без двадцати пяти три*
11.55	*без пяти двенадцать*
12.30	*в полпервого*
6.45	*без четверти семь*
10.40	*без двадцати одиннадцать*

5.12 В гости́ной...

Спра́ва о́коло две́ри стои́т *дива́н*. Над *дива́ном* виси́т ковёр. В углу́ стои́т ла́мпа. У окна́ стоя́т стол и *сту́лья*. На окне́ виси́т *занаве́ска*. Сле́ва от окна́ - *дверь* на балко́н. У *стены́* стои́т кни́жный шкаф. У *шка́фа* стои́т сто́лик с *телеви́зором*, а ря́дом с телеви́зором *стои́т* кре́сло. На полу́ *лежи́т* ковёр.

5.16 В спа́льне...

Спра́ва у стены́ _стоя́т_ стол и стул. _Над_ столо́м две по́лки. В _углу́_ стои́т крова́ть. На окне́ - _горшки_ с цвета́ми, а под _окном_ - батаре́я. Сле́ва у стены́ стои́т _шкаф_ .

5.20 На ку́хне...

Спра́ва ра́ковина. _Над_ ра́ковиной виси́т по́лка для _посу́ды_ . За _ра́ковиной_ стои́т кухо́нный сто́лик, а _за_ сто́ликом плита́. На _плите́_ стои́т ча́йник. В углу́ стои́т холоди́льник А _на_ стене́ над _холоди́льником_ виси́т карти́нка. Напро́тив холоди́льника _стоя́т_ стол и сту́лья. На столе́ стои́т ва́за с _цвета́ми_ .

5.24 В ва́нной...

В ва́нной сле́ва _у_ стены́ стои́т _ва́нна_ . Спра́ва от ва́нны - _ра́ковина_ . Над ра́ковиной _виси́т_ по́лочка, а над _по́лочкой_ - зе́ркало. Спра́ва от ра́ковины виси́т _полоте́нце_ . В туале́те унита́з и _туале́тная_ бума́га.

6.4   Извини́те, пожа́луйста...?

Теа́тр ку́кол _до театра кукол_

Третьяко́вская галере́я _до Третьяковской галереи_

Центра́льный ры́нок _до Центрального рынка_

Седьма́я больни́ца _до седьмой больницы_

Стадио́н им. Ле́нина _до стадиона имени Ленина_

6.5   Как дое́хать...?

Ру́сский музе́й _до Русского музея_

Кра́сная пло́щадь _до Красной площади_

Ле́нинский проспе́кт _до Ленинского проспекта_

Дани́ловский монасты́рь _до Даниловского монастыря_

Пя́тая поликли́ника _до пятой поликлиники_

6.6   Ещё далеко́...?

Пло́щадь Маяко́вского _до площади Маяковского_

Гости́ница «Асто́рия» _до гостиницы "Астория"_

Но́вый цирк _до нового цирка_

Музе́й Достое́вского _до музея Достоевского_

Кинотеа́тр «Ко́смос» _до кинотеатра "Космос"_

6.16 Как доéхать до...?

1. **Третьякóвская - Кропóткинская:** Переся́дьте на Новокузнéцкую. Оттýда доéдете до *плóщади Свердлóва*, там сдéлаете пересáдку на *проспéкт Мáркса*. Оттýда доéдете до *Кропóткинской*.

2. **ВДНХ - Белорýсская:** Поезжáйте до *проспéкта Мúра*. Переся́дьте на кольцевýю. Оттýда по кольцевóй до *Белорýсской*.

3. **Плóщадь Ногинá - Сокóльники:** Поезжáйте до *Тургéневской* Переся́дьте на *Кúровскую* Оттýда доéдете до *Сокóльников*.

4. **Чертáновская - Краснопрéсненская:** Поезжáйте до *Серпухóвской*. Там сдéлаете пересáдку на *Добры́нинскую*. Оттýда по кольцевóй до *Краснопрéсненской*.

5. **Университéт - Лéнинский Проспéкт:** Поезжáйте до *пáрка Культýры*. Там переся́дьте на кольцевýю. Поезжáйте по кольцевóй до *Октя́брьской* Там сдéлаете пересáдку. Оттýда до *Лéнинского Проспéкта* по прямóй.

8.1 Проду́кты.

молоко́ паке́т *молока*	свёкла килогра́мм *свёклы*	вино́ буты́лка *вина*
чай па́чка *чая*	смета́на паке́т *сметаны*	морко́вка два килогра́мма *морковки*
соль па́чка *соли*	я́йца деся́ток *яиц*	мя́со два килогра́мма *мяса*
чёрный хлеб буха́нка *чёрного хлеба*	я́блоки четы́ре килогра́мма *яблок*	огурцы́ килогра́мм *огурцов*
майоне́з ба́нка *майонеза*	соси́ски полкило́ *сосисок*	ма́сло 200 гра́мм *масла*

чеснóк 300 грáмм *чеснока*	горчи́ца бáнка *горчицы*	молокó буты́лка *молока*
апельси́ны полторá килогрáмма *апельсинов*	мáсло буты́лка *масла*	ры́ба бáнка *рыбы*
бéлый хлеб батóн *белого хлеба*	конфéты корóбка *конфет*	лимóны два килогрáмма *лимонов*
сыр 300 грамм *сыра*	кýрица однá *курица*	джем бáнка *джема*
картóшка пять килогрáмм *картошки*	сáхар пáчка *сахара*	капýста кочáн *капусты*
помидóры килогрáмм *помидоров*	колбасá 400 грáмм *колбасы*	лук килогрáмм *лука*

8.7 Мне, пожа́луйста...

1. (1,2,5)

    одну буты́лку

    две буты́лки

    пять буты́лок

2. (1,3,7)

    одну коро́бку

    три коро́бки

    семь коро́бок

3. (1,4,9)

    один паке́т

    четы́ре паке́та

    де́вять паке́тов

4. (1,2,6)

    одну па́чку

    две па́чки

    шесть па́чек

5. (1,3,8)

    одну ба́нку

    три ба́нки

    во́семь ба́нок

Словарь

автома́т, change machine; pay telephone

акти́вный, active

анекдо́т, joke, anecdote: неприли́чный анекдо́т, dirty joke

антреко́т, beef chop

апельси́н, orange

ара́хис, peanut

бакале́йный, grocery

балко́н, balcony

ба́нка, jar

ба́нт, bow

баскетбо́л, basketball

батаре́я, radiator

бато́н, long loaf

бе́гать (бе́гаю, бе́гаешь) - бежа́ть/побежа́ть (бегу́, бежи́шь/по~), to run

бе́лый, white

биле́т, ticket: проездно́й биле́т, (monthly) pass

ближа́йший, nearest

бли́зкий; бли́зко, close, near

блу́зка, blouse

блю́до, dish, course

больни́ца, hospital

бо́льше, more; bigger

борода́, beard

боти́нки, shoes

боя́ться (чего́) I (бою́сь, бои́шься), to be afraid of (+ gen)

брак, marriage

бри́ться/побри́ться (бре́юсь, бре́ешься/по~), to shave

брю́ки, slacks/pants

бу́дьте добры́, would you be so kind (as to…)

бу́ква, letter (of the alphabet)

бу́лочная, bakery

бума́га, paper

бутербро́д, sandwich

буты́лка, bottle

буфе́т, snack bar

буха́нка, loaf

бы́стро, quickly

ваго́н, subway car; train car

ваго́н-рестора́н, restaurant car

ва́за, vase

ва́нна, bath; bath tub

ва́нная, bathroom

варёный, boiled

вверх, up

вдова́, widow

ведро́, (garbage) pail; bucket

Вели́кая Оте́чественная война́, The Great Patriotic War (WW II)

велосипе́д, bicycle

ве́рхний, upper, top: ве́рхняя по́лка, top berth

весёлый, cheerful

весе́нний, spring (adj)

ветера́н, veteran

взве́сить Р (взве́шу, взве́сишь), to weigh

взро́слый, adult

вид, kind, sort; sight; appearance:
    име́ть в виду́, to have in mind:
    де́лать вид, to pretend

ви́деться, to meet, see one another

ви́нный, wine

вино́, wine

висе́ть I (вишу́, виси́шь), to hang

вкусне́е, tastier, more delicious

вку́сненький, delicious (diminutive)

вниз, down

внизу́, downstairs

внук, grandson

вну́чка, granddaughter

води́тель (м), driver

во́здух, air

во́зраст, age

война́, war

вокза́л, train station

волнова́ться I (волну́юсь,
    волну́ешься), to be nervous,
    worry

во́лосы, hair

вообще́, in general

врач-педиа́тр, pediatrician

вре́дно, bad, harmful

вре́мя, time: вре́мя го́да, season;
    во вре́мя (чего), during (+gen)

всё не́когда, there's never any time

всё-таки, after all

вслух, aloud

встава́ть (встаю́, встаёшь)/встать
    (вста́ну, вста́нешь), to get up,
    stand up; ~ в о́чередь, to stand
    in line

встре́ча, meeting: до встре́чи, see you

встреча́ть I (встреча́ю, встреча́ешь),
    to meet: встреча́ть Но́вый год, to
    celebrate New Year's Eve

встреча́ться I (с кем), to get together
    with (с+ inst)

второ́е (блю́до), main course

вход, entrance

вы́глядеть Р (вы́гляжу, вы́глядишь),
    to appear, look

вы́нести Р (вы́несу, вы́несешь),
    to take out

высо́кий, tall

выть I (во́ю, во́ешь), to howl

вы́ход, exit

выходи́ть (выхожу́, выхо́дишь)/
    вы́йти (вы́йду, вы́йдешь) за́муж
    (за кого́), to marry (f) (за + acc)

галере́я, gallery

га́лстук, tie

гаси́ть I (гашу́, га́сишь), to turn off:
    ~свет, to turn off the light

гастро́ль (ж), tour: на гастро́ли,
    on tour (of performers)

гвозди́ка, carnation

гла́вное, (most) important

глаза́, eyes

голубо́й, light blue

горе́ть I (горю́, гори́шь), to burn:
    огонёк гори́т, the light 's on

горчи́ца, mustard

горшо́к, pl: горшки́, pot

горя́чий, hot

гости́ная, living room

гости́ница, hotel

гость (м), guest, visitor:
    принима́ть госте́й, receive
    guests: идти́ в го́сти, to visit
    (someone): уходи́ть в го́сти,
    to go out visiting

гото́вить/пригото́вить (гото́влю,
    гото́вишь/при~), to cook,
    to prepare

гото́виться (к чему́) I (гото́влюсь,
    гото́вишься), to prepare, get
    ready for (к +dat)

граждани́н, citizen

грамма́тика, grammar

гриб, mushroom: ходи́ть за
    гриба́ми, to go mushroom
    hunting

гроза́, thunderstorm

гро́мко, loudly

да нет, of course not

да́ча, house in the country

дверь (ж), door: в дверя́х, in the
    doorway; звони́ть в дверь, to ring
    the doorbell; хло́пать дверя́ми, to
    slam the doors

дво́е, (+gen) two

двою́родная сестра́, female cousin

двою́родный брат, male cousin

дву́шка, two-kopeck coin

действи́тельно, really

де́ло, affair: в са́мом де́ле, really

дере́вня village; countryside

де́рево, tree

деся́ток, ten

де́тство, childhood

деше́вле, cheaper, less expensive

джем, jam

джи́нсы, jeans

дива́н, sofa, couch

диск, record (slang)

дли́нный, long

дневни́к, diary, daily calendar

дово́льно, rather, quite

договори́ться Р (договорю́сь,
    договори́шься), to agree

дозвони́ться Р (дозвоню́сь,
    дозвони́шься), to reach by phone

дом, house: по до́му, around
    the house

доро́же, more expensive

достава́ть (достаю́, достаёшь)/
    доста́ть (доста́ну, доста́нешь),
    to get, obtain (with difficulty)

душ, shower

еда́, food

е́здить I (е́зжу, е́здишь) за́ город, to
    go to the countryside

жа́лобно, complainingly

жа́ловаться I (жа́луюсь,
    жа́луешься), to complain

жа́реный, fried

жёлтый, yellow

жена́т, married (said of a man)

жени́тьба, marriage (said of a man)

жени́ться (на ком) I and Р (женю́сь,
    же́нишься), to marry (на + prep)
    (said of a man)

жени́ться/пожени́ться (же́нимся), to marry (said of a couple)

жи́ли-бы́ли, once upon a time there lived

за (кем/чем), behind, beyond (+ inst)

забира́ть (забира́ю, забира́ешь)/ забра́ть (заберу́, заберёшь) (кого́) , to pick up: ~в а́рмию, to draft (+ acc) into the army

заблуди́ться Р (заблужу́сь, заблу́дишься), to get lost

заболева́ть (заболева́ю, заболева́ешь)/заболе́ть (заболе́ю, заболе́ешь) to get sick

заде́рживаться I (заде́рживаюсь, заде́рживаешься), to get detained, delayed

за́дний, back

зайти́ Р (зайду́, зайдёшь), to come over, to drop by: зайти́ ко мне, to come over to my place

зака́зывать (зака́зываю, зака́зываешь)/заказа́ть (закажу́, зака́жешь), to order

зака́з, order: по зака́зу, on a call (taxi)

закрыва́ться I (закрыва́ется, закрыва́ются), to close

заку́ска, appetizers

замеча́тельный, замеча́тельно, wonderful

за́мужем, married (said of a woman)

заму́жество marriage (said of a woman)

занаве́ска, curtain

зану́да, boring person

за́нят(а́), busy

записа́ть Р (запишу́, запи́шешь), to write, jot down

заполня́ть (заполня́ю, заполня́ешь)/ запо́лнить (запо́лню, запо́лнишь), to fill in

зара́нее, beforehand

заря́дка, exercises, gymnastics

засте́нчивый, shy

зва́ть (зову́, зовёшь) /позва́ть (позову́, позовёшь) (кого́), to call (+acc)

зда́ние, building

здоро́вье, health

зева́я, yawning

зелёный, green

зе́лень (ж), greens, herbs

зе́ркало, mirror

знамени́тый, famous

зна́чит, it means, signifies

зубна́я щётка, tooth brush

идеа́льный, ideal

изве́стный, well-known

изменя́ть (изменя́ю, изменя́ешь)/ измени́ть (изменю́, изме́нишь) (кому́), to be unfaithful to (+ dat)

изуми́тельный, marvelous, fantastic

име́ть I (име́ю, име́ешь), to have: ~в виду́, to have in mind

и́мя, name: по и́мени, named

инди́йский, Indian

Интури́ст, Soviet travel bureau for foreigners

испо́рченный, spoiled; out of order

исто́рия, story

ка́жется (кому́), (it) seems (+dat)

как раз, just

како́й-то, some

ка́ктус, cactus

капу́ста, cabbage: ки́слая капу́ста, pickled cabbage

ка́рий, hazel, brown (eyes)

карти́нка, picture

карто́шка, potatoes

ка́рты, cards

ка́сса, ticket office

кассе́та, cassette tape

касси́рша, cashier

кастрю́ля, pot

Ка́тина, Katya's

ка́ша, porridge, hot cereal: ри́совая ка́ша, cream of rice

ке́ды, tennis shoes

килогра́мм, kilogram

Ки́ровский (теа́тр), Kirov (opera and ballet theater)

ки́слый, sour: ки́слая капу́ста, pickled cabbage

кни́жечка, booklet (of tickets)

ковбо́й, cowboy

ковёр, rug

коке́тливый, flirtatious

колбаса́, sausage

колхо́зник, collective farm worker

кольцо́, ring: по кольцево́й, along the ring (subway line)

командиро́вка, business trip

коммуна́льная кварти́ра, communal apartment

ко́мната, room

компа́ния, group of friends

компо́т, stewed fruit

конди́терская, confectionery, pastry shop

контролёр, ticket inspector

контро́ль (м), control

конфе́та, candy

ко́нчить Р (ко́нчу, ко́нчишь), to graduate

ко́нчиться Р (ко́нчусь, ко́нчишься), to run out of

коридо́р, hall

кори́чневый, brown

корми́ть I (кормлю́, ко́рмишь) to feed

коро́бка, box

коро́ткий, short

костю́м, suit

котле́та, fried ground meat patty

ко́фе (м), coffee

ко́фта, woman's top (shirt)

коча́н, head: коча́н капу́сты, head of cabbage

ко́шка, cat

кран, faucet

крановщи́к (м), крановщи́ца (ж), crane operator

кра́сный, red

Кра́сный Пролета́рий, The Red Proletarian

кре́сло, armchair

крича́ть I (кричу́, кричи́шь), to shout

крова́ть (ж), bed

кро́ме, besides, except

кроссо́вки, running shoes

Крым, Crimea

кста́ти, by the way

кудря́вый, curly-haired

ку́кла, doll: теа́тр ку́кол, puppet theater

купе́, train compartment

ку́рица, chicken

ку́ртка, jacket

кухо́нный, kitchen (adj)

ку́шать I (ку́шаю, ку́шаешь), to have, to take (something to eat): ку́шай на здоро́вье, help yourself

ла́дно, all right, okay

ла́мпа, lamp

ла́мпочка, light bulb

лежа́ть I (лежу́, лежи́шь), to lie, to be located

ле́стница, stairs

лимо́н, lemon

лист, pl: ли́стья, leaf

лифт, elevator

ложи́ться (ложу́сь, ложи́шься)/ лечь (ля́гу, ля́жешь) to lie down: ~спать, to go to bed

лома́ться I (лома́юсь, лома́ется), to break down

лук, onion

лу́чший, best

люби́мый, favorite

люби́ть/полюби́ть (люблю́, лю́бишь/по~) (кого́), to love/ to fall in love (+ acc)

любо́й, any: в любо́м слу́чае, anyway

лы́сый, bald

ма́йка, T-shirt

майоне́з, mayonnaise

макаро́ны, macaroni

ма́ксимум, at the most

мандари́н, mandarin orange

маршру́тное такси́, taxi/minibus on a fixed route

ма́сло, butter; oil

маха́ть (машу́, ма́шешь) I, to wave: ~руко́й, to wave one's hand

медве́дь (м), bear

медици́нский, medical

ме́дленно, slowly

ме́жду (+ inst), between

ме́ньше, less; smaller

меню́, menu

меня́ть I (меня́ю, меня́ешь), to change (money)

ме́сто, place, space: бо́льше ме́ста, more room

меха́ник, mechanic

ми́нимум, minimum: как ми́нимум, at the very least

мне́ние, opinion

мо́да, fashion: после́дняя мо́да, the latest fashion

мо́дно, in style

мо́жет (быть), may be

мо́лодость (ж), youth: в мо́лодости, in one's youth

молоко́, milk

моло́чный, dairy

молча́ть I (молча́ю, молча́ешь),
    to be silent

монасты́рь (м), monastery

моне́та, coin

мо́рщиться I (мо́рщусь,
    мо́рщишься), to make a face

мультфи́льм, cartoon

мы́ло, soap

мы́ть/помы́ть (мо́ю, мо́ешь/по~),
    to wash : ~го́лову, посу́ду
    wash one's hair, the dishes

мясно́й, meat

мя́со, meat

на, here, take it (very informal)

наве́рное, probably

наверняка́, for sure

нагото́вить Р (нагото́влю, нагото́вишь),
    to cook, prepare (a large amount)

над (чем), above, over (+ inst)

назва́ние, name

напи́сано, written

напротив (кого́ /чего), opposite, in
    front of, (location) (+gen)

находи́ться I (нахожу́сь,
    нахо́дишься), to be located

не́бо, sky

небоскрёб, skyscraper

нелюби́мый, unloved

неме́цкий, German

немно́жко, a little

неприли́чный, improper, indecent:
    ~ анекдо́т, dirty joke

ни́зкий, short, low

новосе́лье, housewarming

но́вости, news

норма́льно, fine

но́с, nose

носи́ть I (ношу́, но́сишь), to wear

о́ба, both

обеща́ть I and Р (обеща́ю,
    обеща́ешь), to promise

обзвони́ть Р (обзвоню́,
    обзвони́шь), to call (around)

о́блако, pl: облака́, cloud

обме́н, exchange

обра́тно, back

обраща́ться I (обраща́юсь,
    обраща́ешься), to address (someone)

обсужда́ть I (обсужда́ю, обсужда́ешь)
    (кого́), to discuss

общежи́тие, dormitory

обще́ственный, public; social

о́бщие, shared

обяза́тельно, definitely

овощно́й, vegetable

огонёк, little light: огонёк гори́т,
    the light's on

огуре́ц, pl: огурцы́, cucumber: солёный
    огуре́ц, pickle: малосо́льный
    огуре́ц, freshly pickled cucumber

оде́жда, clothing

одева́ться (одева́юсь, одева́ешься)/
    оде́ться (оде́нусь, оде́нешься),
    to dress, to get dressed

оди́н и тот же, the same

одни́, only, just

оказа́ться P (окажу́сь, ока́жешься),
to turn out to be (+ inst)

о́коло (чего́), near (+gen): о́коло
трёх, around three

описать P (опишу́, опи́шешь),
to describe

опубликова́ть P (опублику́ю,
опублику́ешь), to publish

опуска́ть I (опуска́ю, опуска́ешь),
to lower, to drop (into slot)

опя́ть, again

ора́нжевый, orange

орке́стр, orchestra

остава́ться (остаю́сь, остаёшься)/
оста́ться (оста́нусь, оста́нешься),
to be left, remain

остана́вливаться I (остана́вливаюсь,
остана́вливаешься), to stop

осторо́жно, carefully, be careful

отвезти́ P (отвезу́, отвезёшь), to
take/bring (in a vehicle)

отводи́ть I (отвожу́, отво́дишь),
to take/bring (someplace)

отговори́ть P (отговорю́,
отговори́шь), to talk out of

отдава́ть (отдаю́, отдаёшь)/отда́ть
(отда́м, отда́шь), to return, give
back

отде́л, department, section

отде́льно, separately

о́тдых, vacation

отлича́ться I (отлича́юсь, отлича́ешься)
(от чего́), to differ from (от +gen)

отли́чный; отли́чно, excellent

о́тпуск, vacation/official time off

отста́ть P (отста́ну, отста́нешь), to
fall behind; leave alone: отста́нь
от меня́, stop bugging me (rude)

отчётливо, distinctly

официа́нтка, waitress

о́чередь (ж), line: по о́череди, taking
turns

очки́, glasses: тёмные очки́,
sunglasses: в очка́х, wearing
glasses

ошиби́ться P (ошибу́сь,
ошибёшься), to make a mistake;
to call the wrong number.

паке́т, package

пальто́, (over) coat

па́мятник (кому), statue, monument
(to whom) (+dat)

па́ра, couple

парази́т, parasite

па́чка, pack, package

педагоги́ческий, pedagogical,
teaching

пенсионе́р, retired person

пе́рвое (блю́до), first course

перево́д, translation

перево́дчик (м), перево́дчица (ж),
translator

пе́ред, before: пе́ред сном, before
bedtime

переда́ть P (переда́м, переда́шь), to
give; pass; tell, communicate:
Что-нибудь переда́ть? May I
take a message?

пере́дний, front

переезжа́ть I (переезжа́ю, пере-
    езжа́ешь)/перее́хать P (перее́ду,
    перее́дешь), to move (change
    residence)

перезвони́ть P (перезвоню́,
    перезвони́шь), to call back.

перейти́ P (перейду́, перейдёшь), to
    transfer

перекýсывать I (перекýсываю,
    перекýсываешь), to grab a
    bite to eat

переры́в, break

переса́дка, transfer

пересе́сть P (переся́ду, переся́дешь), to
    transfer, change trains

перро́н, platform (at train station)

пёстрый, gay-colored

Петродворе́ц, city near Leningrad;
    location of Peter the Great's
    summer palace

пи́во, beer

пиджа́к, (sports) coat, jacket

пик, peak: час пик, rush hour

пионе́р(ка), Young Pioneer

пиро́г, pie

пиро́жное, pastry

пита́ться I (пита́юсь, пита́ешься),
    хорошо́/пло́хо, to eat well/poorly

плака́т, poster

плани́ровать I (плани́рую,
    плани́руешь), to plan

плати́ть (плачý, пла́тишь) / заплати́ть
    (заплачý, запла́тишь) (за что), to
    pay for (за +acc)

плато́к, headscarf

платфо́рма, platform

пла́тье, dress

племя́нник, nephew

племя́нница, niece

плита́, stove

плюс, plus

по (+dat plural time expression), in,
    on: по утра́м, in the mornings;
    по суббо́там, on Saturdays

поболта́ть P (поболта́ю, поболта́ешь),
    to chat a while

по́вар, cook

по-ва́шему, in your (formal/plural),
    opinion

поги́бнуть P (поги́бну, ги́бнешь),
    to get killed, perish

под (чем), under (+ inst)

подари́ть P (подарю́, пода́ришь), to
    give as a gift

пода́рок, gift, present

поднима́ться I (поднима́юсь,
    поднима́ешься), to go up

подогрева́ть I (подогре́ю,
    подогре́ешь), to warm up

подрýжка, female friend of a woman

подýшка, pillow

подходи́ть (подхожý, подхо́дишь)/
    подойти́ (подойдý, подойдёшь), to
    approach: ~ к телефо́ну to answer
    the phone: никто́ не подхо́дит, no
    one answers

подъе́зд, entrance to an apartment
    building

пожила́я, elderly

поймáть Р (поймáю, поймáешь), to
  catch

покá, in the meantime

покурúть, Р (покурю́, поку́ришь)
  to have a smoke

пол, floor: на полу́, on the floor

полéзный, healthy

полéзнее, healthier

поликли́ника, clinic

поли́тика, politics

пóлка, shelf; berth (on a train)

пóлный, stout, plump

половúна, half

полотéнце, towel

пóлочка, small shelf

полтúна, 50 kopecks

полчасá, half an hour

поменя́ть Р (поменя́ю, поменя́ешь),
  to change

помидóр, tomato

пóмнить I (пóмню, пóмнишь)
  to remember

по-мóему, in my opinion

попáсть Р (попаду́, попадёшь)
  (куда́), to get to: Вы не туда́
  попáли. You've got the wrong
  number.

порá, it's time

портрéт, portrait

послáть Р (пошлю́, пошлёшь),
  to send

пóсле (когó/чегó), after (+gen)

пóсле тогó как, after

послéдний, last: послéдняя мóда,
  the latest fashion

посу́да, dishes

по-твóему, in your (familiar)
  opinion

похмéлье, hangover

похóд, hike: ходúть в похóды, to go
  on hikes

похóж(а) (на когó), like, similar to
  (на +acc)

почём, How much? What's the
  price?

поэтéсса, poetess

прабáбушка, great-grandmother

прав, correct, right

прáвильно, correctly

прадéдушка, great-grandfather

прáчечная, laundry (place)

предпочитáть I (предпочитáю,
  предпочитáешь), to prefer

Прибáлтика, the Baltic seacoast

прибегáть I (прибегáю,
  прибегáешь), to come running

привезтú Р (привезу́, привезёшь), to
  bring (in a vehicle)

привестú Р (приведу́, приведёшь),
  to bring

привы́кнуть Р (привы́кну,
  привы́кнешь), to get used to

придётся (кому́), to have to (+dat)

примéрно, approximately

принимáть (принимáю, принимáешь)
  /приня́ть (приму́, при́мешь), to
  take, receive: ~гостéй, to receive
  guests, visitors; ~вáнну, to take a
  bath, ~душ, to take a shower

приноси́ть (приношу́, прино́сишь)/
принести́ (принесу́, принесёшь),
to bring

при́нято, customary

прислоня́ться I (прислоня́юсь,
прислоня́ешься) (к), to lean
against (к +dat)

причёсываться (причёсываюсь,
причёсываешься)/причеса́ться
(причешу́сь, причёшешься), to
comb (one's hair)

про, about (+acc)

про́бовать/попро́бовать (про́бую,
про́буешь/по~), to try, to taste

провожа́ть I (провожа́ю, провожа́ешь),
to see (someone) off

проголода́ться P (проголода́юсь,
проголода́ешься), to get, feel
hungry

продавщи́ца, saleswoman

продукто́вый, food

проду́кты, food-stuffs

прое́зд, passage

прое́хать P (прое́ду, прое́дешь),
to pass

прокомпости́ровать P
(прокомпости́рую,
прокомпости́руешь), to punch

про́пуск, blank; pass

пря́мо, straight: по прямо́й, on a direct
(subway line): пря́мо как, just like

пти́ца, bird; poultry

пу́дель (м), poodle

пусть, let

пу́шкинские места́, sights associated
with Pushkin

пылесо́с, vacuum cleaner

пья́ница, drunkard

рабо́чий, worker (n); work (adj)

разведён (м), разведена́ (ж), divorced

разводи́ться (развожу́сь,
разво́дишься)/развести́сь
(разведу́сь, разведёшься) (с кем),
to get divorced (c+ inst)

разгово́рный, colloquial:
разгово́рная речь, colloquial
speech

раздева́ться I (раздева́юсь,
раздева́ешься), to undress; to take
off one's coat and hat

разлюби́ть P (разлюблю́,
разлю́бишь) (кого́), to fall out of
love (+ acc)

разменя́ть P (разменя́ю,
разменя́ешь), to change

ра́зница (ме́жду чем и чем),
difference (ме́жду +inst)

райко́м (райо́нный ко́митет), district
committee

ра́ковина, sink

расписа́ние, schedule

расти́ть I (ращу́, расти́шь), to raise
(children)

ребёнок, child pl: де́ти children;
2nd pl: ребя́та kids, guys

респу́блика, republic

речь (ж), speech; discourse:
разгово́рная речь, colloquial
speech

рис, rice

ри́совый, rice: ри́совая ка́ша, cream
of rice

ро́дственник, relative

ро́за, rose

ро́зовый, pink

рок-музыка́нт, rock musician

ро́ст, height, stature: ма́ленького/
ни́зкого ро́ста, short; высо́кого
ро́ста, tall; сре́днего ро́ста,
medium height

роя́ль (м), grand piano

руба́шка, shirt

ру́сый, light brown

ры́бный, fish

ры́жий, red-haired

ры́нок, market: на ры́нке, at the
market

ря́дом с (+ inst), next to

сади́ться I (сажу́сь, сади́шься), to sit
down; to catch (a bus); to board
(a train)

са́хар, sugar

Са́шина, Sasha's

сва́дьба, wedding

све́жий, fresh

свёкла, beets

свет, light: гаси́ть ~, to turn off the
light

све́тлый, light

сви́тер, sweater

свобо́дный, свобо́ден, свобо́дна,
свобо́дны, free, unoccupied:
говори́ть свобо́дно, speak
fluently

сда́ча, change

седо́й, gray-haired

секре́т, secret

секрета́рь (м), secretary

семе́йный, family (adj)

середи́на, middle

се́рый, gray

сза́ди, in/from the back

сиде́ть/посиде́ть (сижу́, сиди́шь/по~),
to sit, stay: отли́чно посиде́ли, that
was fun

си́льно, really, very

си́ний, dark blue

си́нтаксис, syntax

сканда́л, scandal, argument

сканда́лить I (сканда́лю,
сканда́лишь), to have fights

скоре́е, faster, sooner

скрипа́чка, violinist

сла́бый, weak, poor: сла́бое
здоро́вье, poor health

сла́ва бо́гу, thank goodness

сле́ва, on the left

сли́шком, too

слон, elephant

слу́чай, event: в любо́м слу́чае,
anyway

Слу́шаю вас., Hello. (on the phone);
May I take your order?

смета́на, sour cream

смея́ться I (смею́сь, смеёшься), to laugh: Смеёшься, что ли?, Are you kidding? (very informal)

сно́ва, again

соба́ка, (ж) dog

собира́ться I (собира́юсь, собира́ешься) (куда́), to intend to go somewhere

сове́т, advice

совсе́м, quite

сок, juice

солёный, salted: солёные огурцы́, pickles

соль (ж), salt

сон, sleep, dream: пе́ред сном, before bedtime

соси́ска, frankfurter, sausage

состоя́ть I: состои́т (из чего́), (it) consists of (из +gen)

спа́льня, bedroom

спе́реди, in/from the front

специа́льность (ж), specialty, profession

специа́льный, special

спи́сок, list

спо́рить I (спо́рю, спо́ришь), to argue

спосо́бность, ability, talent

спра́ва, on the right

справедли́вый, fair

спуска́ться I (спуска́юсь, спуска́ешься), to go down

спу́тник, fellow traveler; satellite

сра́зу, right away

сре́дний, middle, medium

стака́н, glass

стара́ться I (стара́юсь, стара́ешься), to try

стари́к, old man

статья́, article

стена́, wall

сте́нка, wall (diminutive)

стереоти́п, stereotype

стесня́ться I (стесня́юсь, стесня́ешься), to be embarrassed

стира́ть/вы́стирать (стира́ю, стира́ешь/вы́~), to wash (clothes)

сто́лик, little table

столо́вая, cafeteria

сторона́, side

стоя́ть I (стою́, стои́шь), to stand, to be located

стро́гий, strict

стро́йный, slender

стул, pl: сту́лья, chair

сумасше́дший, crazy

су́мка, bag, purse

сухо́й, dry; slim

существова́ть I (существу́ю, существу́ешь), to exist

счастли́во, bye

счастли́вый, happy

счита́ть I (счита́ю, счита́ешь), to consider

счита́ться I (счита́юсь, счита́ешься), to be considered

сыно́к, little boy, sonny

сыр, cheese

таре́лка, bowl; plate

тёмный, dark

терпе́ть I (терплю́, те́рпишь), to stand, endure (something)

те́хника, equipment: в те́хнике, about electronics

тёща, mother-in-law (of husband)

то́лько что, just

торт, cake

то́чно, exactly

тра́нспорт, transportation

тре́тье (блю́до), third course (dessert)

тро́е, (+gen), three

туале́т, lavatory

туале́тная бума́га, toilet paper

Ту́ла, a town in central Russia

ту́фли, dress shoes

у (кого́/чего́), near, by (+ gen)

убира́ть (убира́ю, убира́ешь)/ убра́ть (уберу́, уберёшь), to clean up

убо́рщица, cleaning woman

увлека́ться (увлека́юсь, увлека́ешься) I (чем), to be carried away by, fascinated with (+inst)

у́гол, corner: в углу́, in the corner

удо́бней, more convenient

удо́бно, convenient, handy

ужа́сно, terribly, very

узна́ть P (узна́ю, узна́ешь), to recognize

укла́дывать I (укла́дываю, укла́дываешь), to put, lay: ~спать, to put to bed

укра́сть P (украду́, украдёшь), to steal

укро́п, dill

умира́ть (умира́ю, умира́ешь)/ умере́ть (умру́, умрёшь) (от чего́), to die (от + gen)

у́мный, smart

умыва́ться I (умыва́юсь, умыва́ешься), to wash up (hands and face)

унита́з, toilet

уро́к, chapter; уро́ки, homework

успе́ть P (успе́ю, успе́ешь) to be in time for something

усы́, moustache

утеша́ть I (утеша́ю, утеша́ешь), to comfort

ую́тно, cozy

филологи́ческий, of languages and literature

филфа́к (филологи́ческий фа́культет), department of languages and literatures

фи́нский, from Finland

фиоле́товый, purple

фо́рточка, small window for ventilation

футболи́ст, soccer player

хвата́ть (хвата́ет, хвата́ют) I , to be enough, to suffice

химчи́стка, dry cleaners

хлеб, bread: чёрный хлеб, black bread; бе́лый хлеб, white bread

хле́бный, baker's, bread

хло́пать I (хло́паю, хло́паешь), slam, bang: ~ дверя́ми, to slam the doors холоди́льник, refrigerator

хоро́шенький, cute, pretty

ху́денький, slender, slim

худо́жник, artist: ~-абстракциони́ст, abstract artist

худо́й, thin

царь (m), tsar

цве́т, pl: цвета́, color

цвето́к, pl: цветы́, flower

центра́льный, central

цирк, circus

чай, tea

ча́йник, tea pot

час, hour; o'clock: часа́м к десяти́, by about ten o'clock: час пик, rush hour

ча́ще, more often: ча́ще всего́, most often

чек, receipt

чёрт, devil: ни черта́, not a thing:

Черта́ново (райо́н), new district in southern Moscow

чёрный, black

чесно́к, garlic

че́тверо (+gen), four

чи́стить/почи́стить (чи́щу, чи́стишь/по~), to brush (one's teeth)

чу́вство, sense, feeling: ~юмора, sense of humor

шампу́нь (м), shampoo

ша́пка, hat/cap

шарф, scarf

шашлы́к, shish kebab

ше́я, neck

шкаф, wardrobe; dresser: кни́жный шкаф, bookcase: в шкафу́, in the bookcase, wardrobe

шко́льница, schoolgirl

шко́льный, school (adj)

штаны́, slacks/pants

штат, state

шути́ть I (шучу́, шу́тишь) to be kidding

щи, cabbage soup: ки́слые щи, sour cabbage soup

экску́рсия, tour: ходи́ть на экску́рсии, to go on tours

элега́нтный, elegant

энерги́чный, energetic

эскала́тор, escalator

ю́бка, skirt

ю́мор, humor: чу́вство ю́мора, sense of humor

я́блоко, pl: я́блоки, apple

яи́чница, fried eggs

яйцо́, pl: я́йца, egg: яйцо́ вкруту́ю, hard-boiled egg

я́рко-, bright-

я́щик, drawer; box